フルハーネス型墜落制止用器具の知識

―特別教育用テキスト―

中央労働災害防止協会

まえがき

　高所作業の現場では、墜落を制止するための個人用保護具として、安全帯が何十年も前から使用されてきました。作業姿勢を保持するためのU字つり型安全帯と墜落を制止する胴ベルト型安全帯が、それぞれ独自に進歩・発展し、構造規格やJIS規格の整備により、いっそう高機能の保護具として普及してきました。また、2002年の構造規格の改正で、フルハーネス型も新たに規格化され、現在に至っています。

　その一方で、国際規格等では、基本的に墜落時の安全性の観点から墜落制止用の保護具としては胴ベルト型のものは認められておらず、フルハーネス型のみが認められています。また、U字つり型安全帯のような作業姿勢を保持するための器具（ワークポジショニング用器具）は、墜落制止用器具とは区別して考えられています。

　わが国においても、従来の胴ベルト型安全帯は、墜落時の衝撃による内臓の損傷、胸部の圧迫等による危険性が指摘されており、実際に胴ベルト使用に関わる災害が確認されています。そこで、労働安全衛生法施行令、労働安全衛生規則および関係告示の改正により、2019年2月より高所作業で使用する墜落制止用器具はフルハーネス型を原則とするとともに、ワークポジショニング用器具はフルハーネス型等と併用して使用することとなりました。

　また、ISO（国際標準化機構）規格では「セーフティベルト」という用語は使用されていないことなどから、わが国においても「安全帯」の呼称は「墜落制止用器具」に改められました。あわせて国が定める構造規格「安全帯の規格」も改正され、「墜落制止用器具の規格」になりました。

　なお、墜落災害においては、安全帯を装着しているが使用していなかった事例や、安全帯を使用していてもその使用方法が適切でなかった事例が多数あること、作業床の設置が困難な場所での作業は、他の高所作業と比較して墜落の危険性が高いうえ、フルハーネス型は胴ベルト型と比較して適切な装着や使用が必要なこと等を踏まえ、高さが２メートル以上の箇所であって作業床を設けることが困難なところにおいて、墜落制止用器具のうちフルハー

ネス型のものを用いて行う作業に係る業務（ロープ高所作業に係る業務を除く。）に就く者には、特別教育の受講が義務付けられました。

　本書は、この特別教育用のテキストとして編纂したもので、主に製造業の現場で高所作業に従事される方たち向けに、フルハーネス型墜落制止用器具の構造や使い方、保守管理の方法のほか、墜落・転落災害防止のための措置について、わかりやすく紹介しています。今回の改訂にあたっては、最近の労働安全衛生法および関係政省令の改正、製品・技術等の動向を踏まえて内容の見直しを行いました。

　本書の発行にあたりましては、「フルハーネス型墜落制止用器具の使用に関する特別教育用テキスト編集委員会」の編集委員の皆様、公益社団法人日本保安用品協会および日本安全帯研究会の皆様に、多大なご協力とご尽力をいただきました。厚く御礼を申し上げます。

　本書が、高所作業に携わる作業者の方々をはじめ関係者に広く活用され、墜落・転落災害の防止の一助となるよう祈念しています。

令和３年６月

中央労働災害防止協会

高さ２メートル以上の箇所であって作業床を設けることが困難なところにおいて、墜落制止用器具のうちフルハーネス型のものを用いて行う作業に係る特別教育（学科教育の科目等）

科目	範囲	時間
Ⅰ　作業に関する知識	①　作業に用いる設備の種類、構造及び取扱い方法 ②　作業に用いる設備の点検及び整備の方法 ③　作業の方法	1時間
Ⅱ　墜落制止用器具（フルハーネス型のものに限る。以下同じ。）に関する知識	①　墜落制止用器具のフルハーネス及びランヤードの種類及び構造 ②　墜落制止用器具のフルハーネスの装着の方法 ③　墜落制止用器具のランヤードの取付け設備等への取付け方法及び選定方法 ④　墜落制止用器具の点検及び整備の方法 ⑤　墜落制止用器具の関連器具の使用方法	2時間
Ⅲ　労働災害の防止に関する知識	①　墜落による労働災害の防止のための措置 ②　落下物による危険防止のための措置 ③　感電防止のための措置 ④　保護帽の使用方法及び保守点検の方法 ⑤　事故発生時の措置 ⑥　その他作業に伴う災害及びその防止方法	1時間
Ⅳ　関係法令	安衛法、安衛令及び安衛則中の関係条項	0.5時間

（安全衛生特別教育規程より）

【受講を省略できる条件】

　　フルハーネス型墜落制止用器具の使用等に関して十分な知識及び経験を有すると認められる者については、下記のとおり学科・実技の一部の科目を省略することが可能です。
①適用日（2019年2月1日）時点において、高さが2メートル以上の箇所であって作業床を設けることが困難な場所（★）でフルハーネス型を用いて行う作業に6月以上従事した経験を有する者は、Ⅰ、Ⅱ、実技を省略できます。
②適用日時点において、（★）の場所で胴ベルト型を用いて行う作業に6月以上従事した経験を有する者は、Ⅰを省略できます。
③ロープ高所作業特別教育受講者又は足場の組立て等特別教育受講者は、Ⅲを省略できます。
　　なお、適用日より前に、改正省令による特別教育の科目の全部又は一部について受講した者については、当該受講した科目を適用日以降に再度受講する必要はありません。

目次

第5章　関係法令

付録　参考資料

序章

安全帯から
墜落制止用器具へ

人は、高いところから落ちると、必ずケガをします。高さや落ち方によっては生命を失うことも珍しくありません。

　実際、毎年約200人の労働者が、墜落・転落災害で命を落としています。負傷者（休業4日以上）も含めると、その数は2万人にも及びます。ひとたび発生すると、死亡したり長期休業することも多い災害であり、墜落・転落防止は安全管理の最重要テーマの一つといっても過言ではありません。

　業種別で見たとき、墜落・転落災害が最も多いのは建設業ですが、製造業でも多く発生しており、事故の型別では例年、死亡災害・死傷災害ともに上位3類型に含まれています。

　製造業の現場では、例えば大型の加工機械や高所に設置された設備の点検・修理など、非定常の作業で高所での作業を余儀なくされることが珍しくありません。

　厚生労働省が発表した、平成28年の製造業の「労働災害原因要素の分析」によると、墜落・転落による死傷災害は2,988件発生しており、そのうち1,192件（39.9%）が「仮設物、建築物、構築物等」より墜落したものです。その内訳をさらに細かく見ると「階段、桟橋」（512件）、「建築物、構築物」（188件）、「作業床、歩み板」（128件）が上位を占めています。

　また、「用具」からの墜落（872件、29.2%）の大半がはしごや脚立で発生したものです。第3位は「動力運搬機」（484件、16.2%）で、うち360件はトラックからの墜落です。

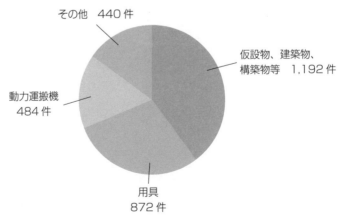

製造業における墜落・転落災害の起因物別分類（合計2,988件）

（出典：厚生労働省「平成28年製造業の労働災害原因要素の分析」）

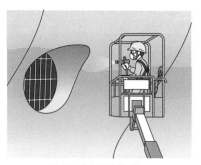
造船所 塗装作業

足場仮設作業

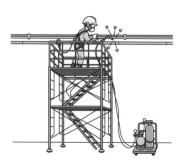
配管・ガス溶断作業

倉庫積付け作業

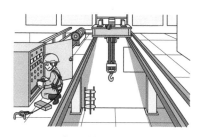
電気設備 保守作業

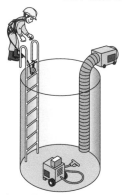
酸素欠乏危険場所の清掃作業

ピッキング作業

トラック荷下ろし作業

柱上作業

高所作業の例

労働安全衛生法令では、高さ２ｍ以上の箇所で作業を行う場合（以下、「高所作業」という）には、作業床を設け、端部や開口部には囲いや手すり、覆いを設ける等の墜落・転落防止措置を義務付けています。そして、そうした措置が困難なときには、労働者に墜落制止用器具を使用させる等の墜落による労働者の危険を防止するための措置を講じるよう定めています。

　また諸外国に目を向けると、ＥＵ指令では個人用保護具を用いた墜落防止対策として、優先すべき対策（レストレイントシステム）と、それが困難な場合の対策（フォールアレストシステム）を明示しています（15ページ、コラム参照）。レストレイントシステムとは、墜落危険個所への接近防止措置を個人用保護具によって行うもので、墜落自体を防ぐ対策です。日本の法令上では命綱がこれに該当します。

　一方、フォールアレストシステムは、墜落自体はやむを得ず許容しつつも、地面等への衝突を回避し、かつ墜落制止時の衝撃を和らげるための対策です。これらを踏まえた墜落防止対策の優先順位を下表に示します。

　墜落制止用器具は、主にフォールアレストシステムを利用する際に用いられるものです。この点、従来広く使用されてきた胴ベルト型墜落制止用器具（以下、「胴ベルト型」という）は、墜落制止時に内臓の損傷や胸部等の圧迫による危険性が指摘されており、国内でも胴ベルト型の使用に関わる災害が確認されています。また、国際規格等では、着用者の身体を肩、腰部、腿などの複数箇所で保持するフルハーネス型墜落制止用器具（以下、「フルハーネス型」という）が採用されています。そこで上記の危険防止措置が困難な場合には、墜落が制止されて宙づり状態になったときに身体に与えるダメージがより少ないフルハーネス型を原則として使用することに法令が改正されました。

墜落防止対策の優先順位

優先順位	作業床	囲い等	対策	個人用保護具
1	確保	確保	作業床と囲い等の設備を用いた対策	胴ベルト型 ハーネス型
2	確保	困難	個人用保護具を用いた対策 （レストレイントシステム）	胴ベルト型 ハーネス型
3	確保	困難	墜落制止用器具を用いた対策	ハーネス型（原則）
4	困難	困難	（フォールアレストシステム）	ハーネス型

　本書は、フルハーネス型を正しく使用して、墜落・転落災害を防止するために必要な知識を解説しています。自らの生命を万が一の事態から守るため、内容をしっかりと理解しましょう。

　なお、フルハーネス型の使用義務付けとともに、墜落制止用器具の構造規格等も変更されました。前規格との変更点を確認して、従来の「安全帯」との違いをよく理解しておいてください。

墜落制止用器具

胴ベルト型（一本つり）＝胴ベルト＋ランヤード
フルハーネス型（一本つり）＝フルハーネス＋ランヤード

※　第2章「1．フルハーネス型墜落制止用器具の種類および構造」（32ページ）、
　　「2．ランヤードの種類および構造」（36ページ）参照

なぜ、名称が「安全帯」から「墜落制止用器具」に？

　従来の「安全帯」という名称には、胴ベルト型（一本つり、U字つり）とハーネス型が含まれていました。しかし、今回フルハーネス型を原則とする主旨から、墜落制止機能がないU字つりのものを除いた「一本つりの安全帯」を指すISO規格（国際標準化機構が制定する国際規格）における用語（fall-arrest systems：フォールアレスト・システム）にあわせて、高所から墜落してしまった場合に地面等に激突する前に墜落をおさえとどめるという意味で「墜落制止」とし、そのために用いる器具として、国はその名称を「墜落制止用器具」と定めました。

　なお、ISO規格はフルハーネス型を前提としているため、現行の諸外国の法令等においても、「セーフティベルト」という用語は使用されていません。

　ただし日本においては、現場で、従来からの呼称である「安全帯」、「胴ベルト」、「ハーネス型安全帯」等の名称を使うことは差し支えないとされており、本書ではフルハーネス型墜落制止用器具を、「フルハーネス型」と略して記述しています。

フルハーネス型の規格も変わった！

　前述のように、安全帯が墜落制止用器具と名称が変わり、原則フルハーネス型の使用が義務付けられるなど、大きな制度改正が実施されました。

　その改正の中で、フルハーネス型そのものの構造規格やJIS規格も見直しが行われました。今後、フルハーネス型を選び、使用していくうえで必要になりますので、旧安全帯の規格との違いを頭に入れておきましょう。

　構造規格・JIS規格の主な変更点は、以下のとおりです。

(1)　**主な改正点**
　　・原則として、ISO規格との整合化が図られました。
　　・フルハーネスおよびショックアブソーバは、それぞれ単体で、テストランヤードを用いて耐衝撃性（動的性能）試験を行うことになりました。
　　・ショックアブソーバの耐衝撃性として、第一種と第二種が規定されました。

(2)　**使用時に注意すべき点**
　　・今までフルハーネス型を使っていた場合は、新規格に変わったからといっても、一般的な製造現場において、使用者の体重が変わるわけでもなく、フックを掛ける位置が変わるわけではありませんので、第一種ショックアブソーバ付きのタイプ1ランヤードを使用する場合は、基本的にいままでと同じとされています。
　　・ただし、旧規格ではショックアブソーバが0.65m以上伸びることはありませんでしたが、新規格では1.2mまたは1.75mまで伸びる可能性があります。また、フルハーネス型は、胴ベルト型と比べてD環の高さが高くなりますので、従来と同じ箇所にフックを掛けたとき、その分、落下距離が長くなります。そのため作業箇所の下方の障害物などとの距離関係について一層の配慮が必要となります。

墜落防止対策についての国際的な考え方

　墜落防止用の個人用保護具について、欧州（EN）規格等では、次の分類をしています。
(1)　レストレイント用保護具
　　　労働者が墜落する危険のある箇所に到達することを制止する保護具
　　　※下図のように墜落の危険がある箇所へ接近しないよう、作業者の移動範囲
　　　　を制限するための機構で、墜落制止用器具（フォールアレスト用保護具）
　　　　の他、労働安全衛生規則の「命綱」がこれに含まれます。
(2)　フォールアレスト用保護具
　　　墜落時に労働者を地面に衝突させることなく制止し、保持できる性能を有する保護具
(3)　ワークポジショニング用器具
　　　ロープ等の張力により、労働者の身体を作業箇所に保持するための器具
　　　※従来のＵ字つり型安全帯などがこれにあたります。
　個人用保護具を用いた墜落防止対策について、欧州（EN）規格では、「次の優先順位で設計がなされるべき」としています。
　　＜優先すべき基本対策（墜落させない対策）
　　　⇒レストレイントシステム（Restraint System）＞
　　　自由落下のリスクのある危険箇所への接近を防止
　　　※墜落防止対策の第一優先は、作業床を設けて手すりを設置するほか、墜落
　　　　リスクを最小限にとどめるレストレイントシステム（下記は作業床＋レス
　　　　トレイント用保護具による例）とされています。
　　＜上記が困難な場合の対策
　　　⇒フォールアレストシステム（Fall-arrest System）＞
　　　自由落下のリスクが避けられない場合は、墜落時の床などへの衝突を防止
　　　※墜落阻止時の傷害発生リスクを最小化させるため、身体の最も強い部位に
　　　　衝撃荷重を導き（⇒適切なフルハーネスの利用）、着用者に対して有害で
　　　　ないレベルにし、または、エネルギー吸収装置を利用（⇒ショックアブソー
　　　　バの利用）するよう定めています。

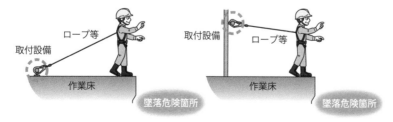

レストレイントシステムの例

第1章

作業に関する知識

第1章のポイント

　本章では、高所での作業を行う際に使用する設備の種類や使い方、特徴について学びます。

○足場や作業構台などの作業床、はしごなどの昇降設備、高所作業車、ローリングタワー、作業台、脚立・うまなどの機器を使用することがあることについて

○不安定な姿勢とならないよう、物を持ったまま昇降しないなど、上記設備等を使用する際の作業方法の留意点について

○上記設備等を使用する際は、作業前に必ず点検を行うこと。点検項目について異常が見つかった場合は、直ちに上司に報告し、交換や修理を行うことについて

1. 高所作業に使用する設備の種類および構造

(1) 足場

　足場は「作業床」と手すりなどの「囲い等」で構成されます。「作業床」とは、①作業を行うための十分な広さがあり、②作業時に踏み抜き等が生じない強度を有し、③その勾配が6寸以下のものであることが一般的には求められます。そのため仮設足場を組み上げても、この要件を満たさない場合は作業床とは言えません。一方、既設床でも、この要件を満たす場合は作業床として作業を行うことができます。

　また、作業床の端部や開口部から墜落する危険を防止するため「囲い等」を確保する必要があります。この場合、高さ85cm以上の手すり等、高さ35cm～50cmの中さん等を確保するのが一般的です。これらは架設通路にも適用されます。仮設足場は建設現場だけでなく、造船所や製鉄所等の製造業の現場でも使用されてきました。主なものを以下に挙げます。

(ア) わく組足場

　わく組足場（**図1-1**）は、工場等で製造された既製品の建わくを中心に組み合わせたシステム足場です。支柱となる建わく、建わくをつなぐ布材と床材を兼ねた床付き布わく、交さ筋かいなどの機材が使用されます。高さ2m以上の作業場所の要件として、床の幅は40cm以上、建地と床材の隙間は12cm未満であることが必要です。墜落防止のために手すりわくや下さん、中さん、上さん、幅木が取り付けられ、物体の飛来、落下防止にはメッシュシートやネットフレームを設置するのが一般的です。

(イ) 単管足場

　単管足場（**図1-2**）は、JIS鋼管を緊結金具（クランプ）を使って組み合わせて枠組みをつくり、そこに金属製足場板や合板足場板を掛け渡して作業床とするものです。足場を曲線的にかけなければならない場合や、斜面上に設置する場合など、不定形な足場を組む際に重宝します。

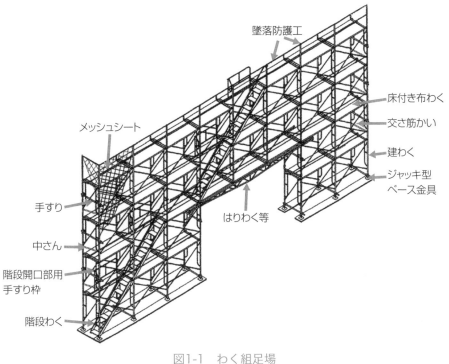

墜落防護工

床付き布わく

交さ筋かい

建わく

ジャッキ型
ベース金具

メッシュシート

手すり

中さん

階段開口部用
手すり枠

階段わく

はりわく等

図1-1　わく組足場

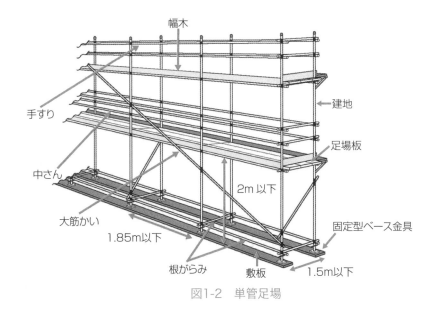

幅木

手すり

建地

足場板

中さん

2m 以下

大筋かい

固定型ベース金具

1.85m以下

根がらみ

敷板

1.5m以下

図1-2　単管足場

19

⑵ 昇降設備

　作業を行う高所もしくは地下へ昇降するための設備です。代表的なものに階段、傾斜路、はしごがあります。

　このうち階段は踏み板で構成される固定設備、傾斜路は30度までの勾配の傾斜面で構成される昇降設備で、ともに手すりを設けることが望まれます。傾斜路は、15度を超える勾配のものは、踏さんなどの滑り止めを設けることが労働安全衛生規則（以下「安衛則」という）で規定されています。

　一方、はしごは踏さんや踏み板で構成される昇降設備で、両手も使いながら昇降を行うものです。任意の場所に持ち運んで使用できるはしごは「移動はしご」と呼ばれ、設備等に固定された固定はしごも含め、はしごの構成になっている通路は「はしご道」と呼ばれます。

⑦　**移動はしご（図1-3）**

　名前のとおり、持ち運びのできるはしごで、木製や鋼製、アルミ合金製、グラスファイバー製などがあります。一般的なものは5ｍ程度の長さの一連はしごですが、伸縮可能でさらに高いところまで昇ることのできる二連はしごも使用されています。ともに、上部にフックや固定バンドを取り付けて、対象の設備に固定したり、動かないように他の作業者が地上で押さえて使用します。

⑦　**はしご道（図1-4）**

　踏さんを使って垂直に昇降する通路をいいます。安衛則では上端を作業床面から60cm以上突出させることや、踏さんは等間隔であること、10mを超えるはしご道は5ｍ以内ごとに踏だな（踊り場）を設けることなどが規定されています。安全上は、背かごを設け、安全ブロックなどを利用することが望まれます。

一連はしご　　二連はしご

図1-3　移動はしご

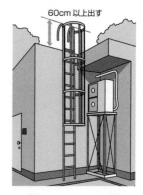

60cm 以上出す

図1-4　はしご道

(3) 高所作業車（図1-5）

作業床を昇降装置によって上昇・下降させることができる設備で、自走可能なものをいいます。主に自走のための機構の違いによりトラック式、ホイール式、クローラ式などに分類され、昇降のためのブームの構造により伸縮ブーム型、屈折ブーム型、垂直昇降型などに分かれます。機動性がよいことから、仮設足場に替えて採用する事業場が多くなりました。

なお、高所作業車の運転には、作業床の高さにより技能講習もしくは特別教育を修了していることが必要です。

図1-5　高所作業車

(4) ローリングタワー（移動式足場）（図1-6）

建わく等をタワー状に組んで、最上層に作業床を設けた作業台です。脚部にキャスターが取り付けられていて、人力で移動できることが特徴です。作業床までの昇降は、作業床に開口部を設けて階段わくで昇降できるようになっています。

ローリングタワーの構造や使用方法については、国が技術上の指針を示しています。

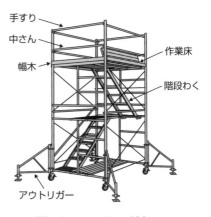

図1-6　ローリングタワー

(5) 作業台（図1-7）

はしご状の脚部と作業床となる天板が一体となった可搬式の作業台で、アルミ合金製のものなどがあります。昇降時につかまるための手掛かり棒や、天板の補助手すりなどのオプション部材もあります。

作業台を連結してステージ状の作業床を設けて作業を行う場合には、専用の部材を

高さ２メートル以上の作業では推奨しない。墜落防止措置が必要。

図1-7　可搬式作業台

使用する必要があります。また連結作業は、足場の組立て等作業主任者技能講習や特別教育を修了した者等が行います。

⑹ 脚立（図1-8、図1-10、図1-11）、うま（図1-9）

　脚立やうまは、2本のはしごを頂部で連結し、自立させて使用できるようにしたもので、一般に天板と踏さんで構成されるものは「脚立」、それらがすべてパイプで構成されるものは「うま」と呼ばれ、主に高さ2mより低い作業で使用されます。

　脚立は、単独で昇降用器具として使用されますが、複数の脚立やうまを並べて足場板を掛け渡して結束する「脚立足場」「うま足場」にして作業を行うこともあります。この場合の足場の組立作業は、足場の組立て等作業主任者技能講習や特別教育を修了した者等が行います。

図1-8　脚　立

図1-9　うま（パイプ脚立）

図1-10　アウトリガー付き脚立の例

図1-11　脚立足場の例

2. 高所作業の方法および設備の取扱い方法

(1) 作業床

作業床上で高所作業を行う際には、作業手順書をよく理解したうえで作業に取り掛かることが必要です。わからないことがあれば、作業開始前に監督者等に質問して確かめておきましょう。作業はすべて、作業手順書に定められたとおりに行います。自分の勝手な判断で手順を変更してはいけません。

図1-12　端部では墜落制止用器具を使用

また、作業床の上であっても、手すりがない端部など定められた場所では、墜落制止用器具を確実に装着し、使用しなければなりません（**図1-12**）。指示をされた場合は、必ず使用しましょう。

そのほか、作業を行ううえで留意すべき点は、以下のとおりです。

・当日使用する作業床等は墜落制止用器具を着用して作業開始前に点検する
・作業床は、表示された最大積載荷重を厳守する
・昇降は、必ず昇降設備を使用する
・足場の上下での同時作業は行わない
・工具は工具ホルダや落下防止ひも（カールコード等）を用いて落下を防ぐ

(2) 昇降設備

移動はしごを使用する際は、平坦で水平な地面に設置し、角度は75度程度に立てかけます（**図1-13**）。このとき、移動はしごやはしご道の上端は作業床面より60cm以上突き出るようにして固定します。必ず、転位防止（滑り止め）を施します。保護帽、墜落制止用器具も装着します。

そのほか、作業を行ううえで留意するべき点は以下のとおりです。

・1段目に足を掛けたとき、ガタつきがないかを確認する

立てかける位置は水平で、傾斜角75°、突き出し60cm以上となっていることを確認

60cm以上上方にだす

しっかり固定！

ヨシ！

滑り止め

75°

図1-13　はしごの使用例

・はしごの昇降は、３点支持＊を守って行う

・手に物を持った状態で昇降しない（荷上げロープを設置するとよい）

＊３点支持とは、通常、両手・両足の４点のうち３点がはしごに接触し身体を支えることを指す。

⑶　高所作業車（図1-14）

　高所作業車の運転は、作業開始前点検を確実に行った後、作業指揮者の指揮のもとで有資格者が行います。作業を行う際は、墜落制止用器具のフックを確実にその他取付設備等に掛け、高所作業車から作業床の外への乗り移りや中さんに足をかけて立つことなどがないようにします。

　そのほか、作業を行ううえで留意すべき点は以下のとおりです。

・搭乗人員や最大積載荷重を守って乗り込む

・高所作業車から他の場所へ乗り移ることは厳禁

・高所作業車を荷のつり上げ、つり下げには使用しない

・三方向（上下・左右・前後）の操作を同時には行わない

・ランヤードはなるべく短いものを選ぶことが望ましい

・ランヤードのフックはバケット（床と囲いが一体構造のもの）内のフック掛けに、バスケット（床と囲いがカゴ状のもの）では低い位置に内側から確実に掛け、もしものときの落下距離を小さくする

⑷　ローリングタワー（移動式足場）

　ローリングタワーは、人力で移動させることができますが、作業者を作業床に乗せたままの移動は、絶対に行ってはいけません（**図1-15**）。また、移動の際は、路面の状態をよく確認して、路面の凹凸や障害物等による転倒を

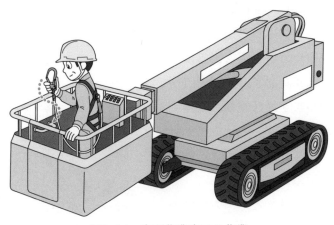

図1-14　高所作業車での作業

防ぐとともに、ローリングタワーの転倒に
より危険が生じるおそれのある箇所は関係
者以外の立ち入りを禁止します。

　移動が完了したら、作業箇所にできるだ
け近接したところに定置すると、無理のな
い姿勢で作業を行うことができます。アウ
トリガーを使用したうえで、すべてのキャ
スターのストッパーを確実にかけます。

図1-15　人を乗せたままでの移動
　　　　は厳禁

　ローリングタワー上では脚立や踏み台の
使用、身を乗り出しての作業は厳禁です。

　そのほか、作業を行ううえで留意すべき点は以下のとおりです。

・水平で凹凸のない路面に設置する

・最大積載荷重を超えた荷重をかけない

・材料等を載せる場合は、転倒を防ぐため、偏心しないように配慮する

・手すり、中さん等を取り外したときは、その必要がなくなった後、直ちに
　原状に戻す

・手に物を持ったまま昇降しない

・外側空間を昇降路とする構造のもので
　は、ローリングタワーの転倒を防止す
　るため、同時に2名以上の者が同一面
　を昇降しない（**図1-16**）。また、ロー
　リングタワーの短辺側に昇降路を設置
　すると転倒に対して、安定する

・ローリングタワーには内部階段を設置
　することが望ましいが、小規模設備の
　ため、外部昇降となるときは、安全ブ
　ロックを併用する

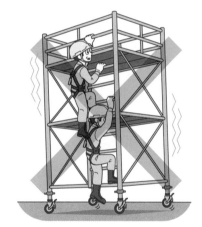
図1-16　同一面を同時に昇降しない

⑸　作業台

　作業台は、段差のない路面に、作業床が水平になるように設置し、キャス
ターや伸縮脚のストッパーは確実にロックします。身を乗り出しての作業や
つま先立ちでの作業は厳禁です（**図1-17**）。

そのほか、作業を行ううえで留意すべき点は以下のとおりです。

・作業床の上で不安定な姿勢になるような力を入れる作業は行わない

・作業床に踏み台等を載せたり、その上での作業は厳禁

・保護帽を着用するほか、状況に応じて墜落制止用器具も使用する（その際は、フックは作業台の補助手すり等ではなく、他の取付設備に掛ける（**図1-18**））

図1-17　身を乗り出しての作業はしない

⑹　脚立、うま

脚立は、水平で凹凸のない路面に置いて使用します。開き止め金具は確実にロックし、作業者は上から2段目以下の踏さんに立ち、天板や踏さんに身体をあて、安定させた状態で作業を行います（**図1-19**）。保護帽を装着し、2m以上の高さになる場合には、墜落制止用器具を使用します。

図1-18　フックは作業台の補助手すりにかけない

脚立足場、うま足場として使用する際には、脚立やうまの間隔は1.8m以内になるように配置し、足場板はゴムバンド等で必ず結束します。作業を行う際には、1スパンには1名の作業者しか乗らないことを徹底します（**図1-20**）。張出し部での作業も厳禁です。

そのほか、作業を行ううえで留意すべき点は以下のとおりです。

・昇降は、必ず脚立を前側にする向きで行う。背中を向けて昇降しない

・身を乗り出しての作業や、つま先立ちでの作業、天板に乗っての作業は厳禁

・開口部の近くや作業床の端部、足場の上などに脚立を置いて使用しない

開き止め
支柱
踏さん
滑り止め

図1-19　脚立の適切な使用例

図1-20　不適切な脚立足場の例

墜落制止用器具を使用すべき作業の例

　前述のように、労働安全衛生法令では、一定の高所作業において墜落制止用器具の使用が義務付けられています。その規定は労働安全衛生規則の第518条〜第521条に見ることができますが、それ以外にも多くの条項で、さまざまな作業に墜落制止用器具を使用すべきことが定められています。下記の一覧表を参照して、必要な作業については必ず墜落制止用器具を使用して、安全に作業を行ってください。

安全衛生法令に定められた墜落制止用器具を使用すべき作業

墜落制止用器具を使用すべき作業	関連規定
食品加工用粉砕機又は食品加工用混合機の開口部からの転落の危険があり，蓋，囲い，柵等を設けることが困難な場合	則-130 の5
粉砕機又は混合機の開口部からの転落の危険があり，蓋，囲い，柵等を設けることが困難な場合	則-142
林業架線作業	則-151 の127，151の144
高所作業車を用いた作業	則-194 の22
型枠支保工の組立て等作業等	則-247
地山の掘削作業	則-360
土止め支保工作業	則-375
ずい道等の掘削等作業	則-383 の3
ずい道等の覆工作業	則-383 の5
採石のための掘削作業	則-404
鉄骨の組立て等作業	則-517 の5
鋼橋架設等作業	則-517 の9
木造建築物の組立て等作業	則-517 の13
コンクリート造の工作物の解体等作業	則-517 の18
コンクリート橋架設等作業	則-517 の23
高所作業	則-518, 519, 520, 521
ホッパー等の内部における作業	則-532 の2
煮沸槽等への転落防止	則-533
高さ2m 以上の足場における作業	則-563
足場の組立て等作業	則-564, 566
手すり等を設けることが困難な高さ2m 以上の作業構台の端における作業	則-575 の6
ボイラー据付作業	ボイラー則-16
やむを得ない場合等に，クレーンのつり具に専用の搭乗設備を設け，労働者を乗せて行う作業	クレーン則-27
クレーンの組立て又は解体の作業	クレーン則-33
やむを得ない場合等に，移動式クレーンのつり具に専用の搭乗設備を設け，労働者を乗せて行う作業	クレーン則-73
移動式クレーンのジブの組立て又は解体の作業	クレーン則-75の2
デリックの組立て又は解体の作業	クレーン則-118
屋外に設置するエレベーターの組立て又は解体の作業	クレーン則-153
建設用リフトの組立て又は解体の作業	クレーン則-191
ゴンドラの作業床における作業	ゴンドラ則-17
酸素欠乏症にかかって転落するおそれのある酸素欠乏危険作業	酸欠則-6

則：労働安全衛生規則　　　　　　ボイラー則：ボイラー及び圧力容器安全規則
クレーン則：クレーン等安全規則　　ゴンドラ則：ゴンドラ安全規則　　酸欠則：酸素欠乏症等防止規則

3. 高所作業に使用する設備の点検および整備

(1) 作業床

　足場や作業構台については、毎日の作業開始前の点検が法令で義務付けられており、作業を行う箇所に設けた手すりや中さんなどの墜落防止設備が取り外されたり脱落していないかを点検し、異常を認めたときは直ちに補修しなければなりません。

　また、強風、大雨、大雪等の悪天候もしくは震度4以上の地震、足場や作業構台の組立て、一部解体もしくは変更の後において作業を行うときは、作業開始前に**表1-1**、**表1-2**に示す事項*について点検し、異常を認めたときは、直ちに補修しなければなりません。

*詳しくは『足場の組立て、解体、変更業務従事者安全必携』（中災防）を参照。

表1-1　悪天候後等の足場の点検項目例

① 床材の損傷、取付け及び掛渡しの状態
② 建地、布、腕木等の緊結部、接続部及び取付部の緩みの状態
③ 緊結材及び緊結金具の損傷及び腐食の状態
④ 足場用墜落防止設備の取り外し及び脱落の有無
⑤ 幅木等の取付状態及び取り外しの有無
⑥ 脚部の沈下及び滑動の状態
⑦ 筋かい、控え、壁つなぎ等の補強材の取付状態及び取り外しの有無
⑧ 建地、布及び腕木の損傷の有無
⑨ 突りょうとつり索との取付部の状態及びつり装置の歯止めの機能

表1-2　悪天候後等の作業構台の点検項目例

① 支柱の滑動及び沈下の状態
② 支柱、はり等の損傷の有無
③ 床材の損傷、取付け及び掛渡しの状態
④ 支柱、はり、筋かい等の緊結部、接続部及び取付部の緩みの状態
⑤ 緊結材及び緊結金具の損傷及び腐食の状態
⑥ 水平つなぎ、筋かい等の補強材の取付状態及び取り外しの有無
⑦ 手すり等及び中さん等の取り外し及び脱落の有無

(2) はしご

　はしごを使った作業を行う前には、**表1-3**に示す項目について目視および必要に応じて触って点検します。異常が見つかったはしごは使用せず、交換します。一度変形した本体や取付部品は強度が落ちているおそれがあるので、廃棄するか、専門業者に修理を依頼します。

表1-3　はしごの作業開始前点検項目例

① 支柱や踏さん、金具など各部のガタツキの有無
② 各部に著しい曲がり、ねじれ、腐食、割れ、穴あき、摩耗などの有無
③ 踏さんなどに水、油分、泥、ペンキなど滑りやすい汚れの付着の有無
④ 各部のボルト、リベットの緩みや抜け落ちの有無
⑤ 取付け部品の、破損・脱落・変形・摩耗・著しい腐食の有無
⑥ 各部品の外れの有無

（協力：長谷川工業株式会社）

⑶ 高所作業車（車載型を例として）

作業を開始する前に、以下の点検を行います。

㋐ 目視点検

ジャッキ、下部操作装置、ブーム、バケット、上部操作装置、バケット平衡取り装置などに、損傷・ガタ・油漏れはないか、取付け状態に異常はないかなどに注意しながら、車両の周りをまわり、目視で点検する（**図1-21**）。バケット平衡取り装置については、調整バルブが完全に閉じられているかを確認する。

図1-21　高所作業車の目視点検

㋑ 作動点検

PTO（Power Take Off）レバー、ジャッキ、ブーム、バケット、安全装置に関して、実際に操作し、正しく作動するか、および正しく停止するかを点検する（**図1-22**）。このとき車両は、できるだけ周囲に障害物のない水平堅土上にセットし、バケットは必ず無負荷で下部操作により点検していくこと。

・首振りは上部操作にて点検する

図1-22　高所作業車の作動点検

1） PTOレバー

PTOレバーの切り替え具合、およびPTOの異音の有無を確認する。

2） ジャッキ・ブーム（起伏・旋回・伸縮）・バケット（首振り）

レバー操作にあわせ、スムーズに作動・停止するかを確認する。

- ・レバーの動きは良いか
- ・確実に中立位置に戻るか
- ・引っかかりはないか
- ・ガタや遊びが多くないか

3） 安全装置

インターロック装置、非常用ポンプ装置、停止スイッチ、作業範囲規制装置（フートスイッチ（フットスイッチ）、セフティワイヤー）などの安全装置が作動するかを確認する。

⑷　ローリングタワー（移動式足場）

　作業を開始する前に、**表1-4**に示す項目を点検します。異常がある場合には、直ちに措置します。

表1-4　ローリングタワー（移動式足場）の作業開始前点検項目例

① 組立高さは制限高さ以内か
② 建地、布等の緊結部、接続部等の緩みの有無
③ 昇降用階段、はしごの有無と固定の状態
④ 脚輪のブレーキは全輪が確実にきくか
⑤ 作業床の破損の有無
⑥ 手すり（高さ90cm以上）、中さん、幅木等の有無
⑦ 傾斜や凹凸の有無など路面の状態
⑧ 使用上の注意事項の表示の有無
⑨ 最大積載荷重の表示の有無

⑸　作業台

　作業を開始する前に、**表1-5**に示す項目を点検します。損傷が見つかった場合には、直ちに使用を停止します。

表1-5　作業台の作業開始前点検項目例

① 全体に大きなガタツキの有無
② 天板・踏さん・伸縮脚に滑りやすい異物の付着の有無
③ 大きな凹み・曲がり・ねじれの有無
④ ブレスは確実に張っているか
⑤ 天板回転金具に大きなガタツキの有無
⑥ 左右のロックシャフトは突き出ているか
⑦ 伸縮脚のロックは確実にかかっているか
⑧ 伸縮脚に異物・目詰まりの有無
⑨ 手掛かり棒のロックの状態
⑩ 手掛かり棒・感知装置の大きな凹み・曲がり・亀裂の有無
⑪ 手掛かり棒の大きなガタツキの有無

（資料提供：朝日機材株式会社）

⑹　脚立・うま

　脚立やうまを使った作業を行う前には、**表1-6**に示す項目について目視および必要に応じて触って点検します。異常が見つかった場合は使用せず、交換します。

表1-6　脚立・うまの作業開始前点検項目例

① 各部のガタツキの有無
② 各部の著しい曲がり、ネジレ、ヘコミ、クラックの有無
③ 各接合部の割れや著しい腐食の有無
④ 取付部品の破損・脱落・変形・摩耗・著しい腐食の有無
⑤ 各部のリベット・ピンの緩みや抜け落ちの有無
⑥ 各部品の外れの有無
⑦ 回転金具の開閉はスムーズか
⑧ 開き止めのロック状態
⑨ 伸縮脚のロック状態
⑩ 各種ラベルの貼付の有無
⑪ 各種ラベルは破れなく、鮮明に読み取れるか
⑫ 型式ラベルは鮮明に読み取れるか

（協力：長谷川工業株式会社）

第2章

フルハーネス型墜落制止用
器具に関する知識

─── 🎣 第2章のポイント ───

　本章では、フルハーネス型墜落制止用器具および同器具を有効に
使用するための器具・設備の種類や構造について学びます。

○フルハーネス型墜落制止用器具の構造と、ベルトの種類、それぞ
　れの特徴について

○フルハーネス型墜落制止用器具のランヤードの種類と、それぞれ
　の特徴について

○作業を行う場所の高さ等、作業に応じた墜落制止用器具、ランヤー
　ド等の選定方法について

○フルハーネス型墜落制止用器具を接続する取付設備の種類と、そ
　れぞれの特徴について

1．フルハーネス型墜落制止用器具の種類および構造

　「墜落制止用器具」とは、その名のとおり高いところから墜落した場合に落下を空中で制止し、地面にたたきつけられることを防ぐための器具です。このうちフルハーネス型墜落制止用器具は大きく２つの部品（ハーネス本体とランヤード）から成り立っています（**図2-1**）。

・肩や腰、腿等複数の箇所を支える形状で作業者の身体に装着し、落下時に身体を支持する「フルハーネス」（ハーネス本体）

・落下を制止して衝撃を吸収する性能を有し、ベルトと取付設備をつなぐ「ランヤード」（ロープ、フック、ショックアブソーバ、巻取り器等からなる）

　この２つを接続したものがフルハーネス型墜落制止用器具（以下「フルハーネス型」という）です。

　正しく使用すれば、墜落した場合でも、ランヤードにより落下距離が制限され、フルハーネスの支持により宙づりとなるため、地面にまで落ちることはありません。

　ちなみに、腰だけに装着するベルトにランヤードが接続されたものが「胴ベルト型墜落制止用器具」（以下「胴ベルト型」という）です。

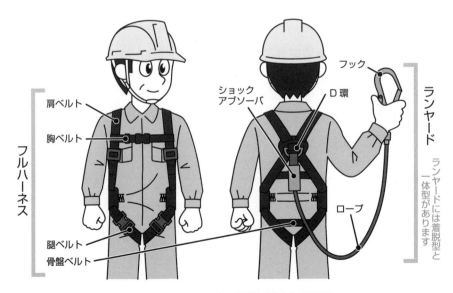

図2-1　フルハーネス型墜落制止用器具

⑴　フルハーネスの構造

　フルハーネスの最大の特徴は、身体を複数のベルトで包む構造であることです。肩ベルト、腿ベルト、骨盤まわりのベルト等の複数のベルトやバックルで構成され、落下を制止した際に着用者のベルトからの抜け出しを防止する構造となっており、それらとランヤードを結ぶD環が背部にあるのが一般的です（**図2-2**）。

　フルハーネスはバックル部分等でベルトの長さを調節できる構造となっており、身体にフィットするよう調節して使用することは、フルハーネス型であっても落下した場合の安全のためにはとても重要です。

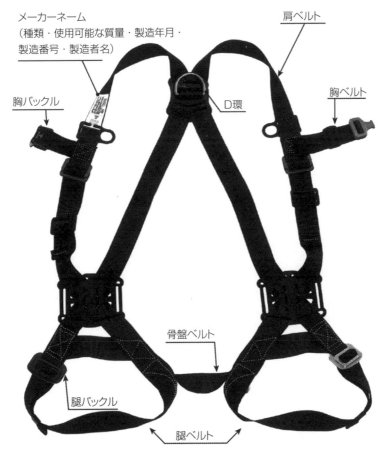

メーカーネーム
（種類・使用可能な質量・製造年月・製造番号・製造者名）

肩ベルト

胸バックル

D環

胸ベルト

骨盤ベルト

腿バックル

腿ベルト

図2-2　フルハーネスの構造の例

⑵　フルハーネスの種類

　フルハーネスには、背中側の肩ベルトが左右交差する部分にＤ環が取り付けられており、その下の背中のベルトが１本のタイプと、ベルトが２本あるタイプがあります。前者は日本特有の構造であり、着用者の胴まわりに工具袋を装備しやすいように考えられましたが、ベルトがずれやすく背中のベルトが２本のタイプよりも適切な装着が求められます。

　また、腰に作業ベルトが付いているものと付いていないものがあります。

　このほか、フルハーネスの構成には下記のような種類があります。

㋐　腿ベルトＶ字型と腿ベルト水平型

　腿ベルトには、腿ベルトがＶ字状で宙づり時に骨盤を包み込むように身体を支える形状となっている「腿ベルトＶ字型」（**図2-3**）と、腿ベルトが水平になっている「腿ベルト水平型」（**図2-4**）があります。後者は、海外では立ち姿勢の作業に特化して使われています。

　どのようなフルハーネス型であっても、装着が適切でないと、宙づり時にベルトのずれが大きくなり、ずり上がりによる身体の圧迫や、胸ベルトによる喉の圧迫等が懸念されます。正しく装着しましょう。

図2-3　腿ベルトＶ字型

図2-4　腿ベルト水平型

図2-5　ワンタッチバックル

図2-6　パススルーバックル

㈤　ワンタッチバックルとパススルーバックル

　腿ベルト等のバックルには「ワンタッチバックル」（**図2-5**）と「パススルーバックル」（**図2-6**）の2種類があります。着脱は前者のほうが容易ですが、重量もそれだけ重くなるため、後者を選ぶ人も少なくありません。

㈥　D環の位置

　ランヤードを接続するD環は背部に設けられているのが一般的ですが、なかには胸部前側（フロント）にもD環が取り付けられているものがあります（**図2-7**）。これは、例えばはしごの昇降時にスライド器具などを接続する際、D環が胸部にあるほうが作業しやすいためです。ただしこの場合は、落下距離が極力短くなるようスライド器具を常に身体より上方となるようにして使用しましょう。

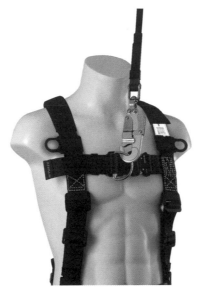

図2-7　昇降用フロントD環付きハーネス

図2-8 ワークポジショニング用補助（胴）ベルト付きフルハーネス

㈎ ワークポジショニング用器具付き

　　フルハーネスにワークポジショニング用器具が追加されたものです（**図2-8**）。

　　詳しくは後述しますが、ワークポジショニング用器具は、従来の「U字つり型安全帯」が担っていた姿勢維持のための器具のことです。このタイプは補助ベルトの左右に、ワークポジショニング用ロープを接続するためのD環と角環が備えられています。柱上作業等を行う際にはこのタイプを使用し、作業姿勢を維持した状態で、墜落制止用のランヤードを取付設備に接続します。

2. ランヤードの種類および構造

⑴ ランヤード

　「ランヤード」とは、フルハーネス型等のなかでも極めて重要な部品で、身体に装着したベルトと、取付設備とを連結するものです。適度な長さを有することで、作業行動の制限を最低限に抑えながら、墜落時の落下を制止し、落下衝撃を緩和します。

　なお、ランヤードにはそのランヤードが使用可能な最大質量（作業者の体重と装備品の合計）が表示されており（一般に85kg用または100kg用。100kg超はメーカーにより異なる）、質量を確認して選択することが必要です。

⑵ ランヤードの構造

　一般的なランヤードは、ロープまたはストラップの一端に取付設備やベルトに接続するための「フック」を備え、他端には、身体に装着したベルトと連結する金具等を備えたショックアブソーバを取り付けた構造となっています。フック側にショックアブソーバが付いた製品も市販されていますが、墜落制止時に作業床の端部にランヤードが接触する場合などでは、当該接触部分が支点となって墜落制止時の衝撃荷重を支持することになり、適切にショックアブソーバが作動しない可能性があります。また、フックの回し掛けは行わないなど、その使用には注意が必要です。

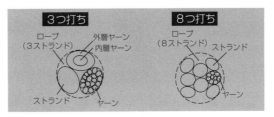

「ヤーン」（単糸）を数十本束ねて撚ったものを「ストランド（小縄）」といい、このストランドを3本撚ったロープを「3つ打ち」、8本編んだロープを「8つ打ち」といいます。

図2-9　ロープの構造

⑶　ランヤードの種類

ランヤードには、落下の衝撃を緩和する部分の構造や機器の組合せにより、下記のような種類等があります。

㋐　ロープ（ストラップ）式ランヤード

ショックアブソーバを接続した3つ打ち、8つ打ちロープ（**図2-9**）など繊維ロープの両端にフックを取り付けた、最もシンプルなタイプのランヤードです（**図2-10**）。また、ロープの替わりに帯状のストラップを用いたストラップ式もあり、このストラップが蛇腹状になった伸縮式もあります。

なお、ショックアブソーバは一般的に、一定の荷重で破断するカラミ糸をあらかじめ織り込んだ複数のベルトで構成され、衝撃が加わった際にカラミ糸が破断することで、墜落制止時の衝撃を緩和する構造です（**図2-11**）。

図2-10　ロープ式ランヤード（例）

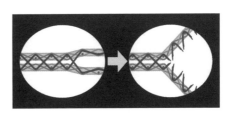

図2-11　ショックアブソーバの原理

図2-12 巻取り式ランヤード（例）　図2-13 常時接続型（２丁掛け式）ランヤード（例）

㈑　**巻取り式ランヤード**

巻取り器を搭載しており、使用していないときはストラップを収納できるランヤードです。ショックアブソーバは標準装備されています。また、自動車等のシートベルトのように、ストラップの急激な引出しを感知すると引出しを自動的に停止するロック機能付き巻取り器と、ロック機能がない巻取り器の２種類があります（**図2-12**）。

㈒　**衝撃荷重吸収型ストラップ式ランヤード**

ストラップそのものに衝撃吸収性能を持たせたランヤードです。ストラップ自体がショックアブソーバとなるため、別にショックアブソーバは取り付けられていません。

㈓　**その他**

掛け替え時に発生するフックが外れた瞬間をなくし、より安全性の高い常時接続型（２丁掛け式）とするため、２本のロープをペアにしたランヤードもあります（**図2-13**）。

⑷　**ランヤードに使用されているショックアブソーバの種類**

ランヤードに使用されているショックアブソーバには、落下衝撃を吸収する性能の違いにより、第一種ショックアブソーバと第二種ショックアブソーバの２種類があります。

・第一種ショックアブソーバ：墜落制止用器具として作業者の腰の高さ以上*にフックをかけて作業を行うことを標準とした性能を有するもの。自由落下距離1.8mで墜落を制止したときの衝撃荷重が4.0kN以下、伸びが1.2m以下。第一種ショックアブソーバを備えたランヤードを「タイプ１ランヤード」といいます。

＊詳しくは40ページを参照。

・第二種ショックアブソーバ：墜落制止用器具として作業者の足元にフック
をかけて作業する必要がある場合を前提とした性能を有するもの。自由落
下距離４ｍで墜落を制止したときの衝撃荷重が6.0kN以下、伸びが1.75m
以下。第二種ショックアブソーバを備えたランヤードを「タイプ２ランヤー
ド」といいます。足元にフックを掛けることを想定しているため、落下距
離がタイプ１ランヤードよりも一般的には長くなります。

⑸　コネクタ

　フルハーネス、ランヤードまたは取付設備等を相互に接続するための器具
のことで、かぎ形をした「フック」のほか、環状の「カラビナ」のタイプも
あります。

3．作業に応じた墜落制止用器具の選定方法

⑴　フルハーネス型の選定

㋐　選定ポイント

　　　令和元年の規格改正では、①作業箇所の高さが6.75mを超える場合
ではフルハーネス型を使用しなければならない、②着用者の体重および
装備品の質量の合計に耐えるものを使用しなければならない、③ショッ
クアブソーバの種類ごとに定められた高さ（自由落下距離）を上回らな
いものを使用しなければならないので、フックを足元に掛けて使用する
場合は第二種ショックアブソーバを選ぶ、等が明確化されました。

　　　これらの選定要件①〜③を満足する製品＊のなかで、フルハーネス型
を構成するフルハーネス（ハーネス本体）とランヤードの種類やサイズ
を選定します。

＊法令では、墜落による危険のおそれに応じた、こうした製品を「要求性能墜落制止用器具」と
いいます。

㋑　選定要件について

　要件１　高さ6.75mを超える箇所では、フルハーネス型を選定

１）原則はフルハーネス型

　　　序章でも紹介したように、作業者の安全性の面では高所作業で使用
するのは、フルハーネス型が原則です。フルハーネス型は、墜落制止
時に身体に与える衝撃が比較的小さく、ベルトからの抜け落ちなどの

事故も起こりづらい等、胴ベルト型に比べてリスクが小さく、諸外国でも標準となっています。

また、6.75m以下でフルハーネス型の着用者が墜落時に地面に到達するおそれのある作業では、胴ベルト型も認められています（コラム「高さの基準の計算例」参照）。

また、ワークポジショニング作業を伴う場合は、通常、常に頭上にフックを取り付けることが可能で、地面に到達しないようにフルハーネス型を使用することが可能なことから、高さにかかわらず原則としてフルハーネス型を選択します。「墜落制止用器具の安全な使用に関するガイドライン」（平成30年６月22日付け基発0622第２号）では、一般的な建設作業では５mを超える箇所、柱上作業等では２m以上の箇所ではフルハーネス型の使用が推奨されています。

要件2　体重＋装備の合計質量に耐える器具を選定

フルハーネス（ハーネス本体）、ランヤードともに、メーカーが試験を行い定めた使用可能な最大質量以下で使用しなければなりません。85kgまでのものと100kgまでのものなどがあります（**図2-14**、100kg超はメーカーにより異なります）。器具を使用する者の体重だけでなく、装備品まで加えた合計の質量が使用可能な最大質量を超えないように器具を選定します。

図2-15はフルハーネス型のベルト上の縫製されたラベルの表示例を示します。

要件3　ショックアブソーバは、フック位置によって適切な種別を選択

腰の高さ以上にフック等を掛けて作業を行うことが可能な場合には、第一種ショックアブソーバを選定します。鉄骨組立て作業等において、足下にフック等を掛けて作業を行う必要がある場合は、フルハーネス型を選定するとともに、第二種ショックアブソーバを選定します。

図2-14　体重＋装備の合計質量に
　　　　耐える器具を選定

図2-15　ラベルの表示例

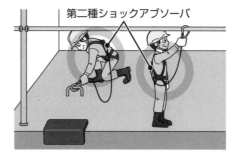

第一種ショックアブソーバ　　　　　　第二種ショックアブソーバ

図2-16　フックの位置によるショックアブソーバの選定

　両方の作業を混在して行う場合は、フルハーネス型を選定するとともに、第二種ショックアブソーバを選定します（**図2-16**）。

　また、メーカーが示すショックアブソーバの最大自由落下距離を超えないような高さにフックを掛けて使用する必要がありますので、追加落下距離対応（最大自由落下距離が2.3m）かどうかを確認します。

＊**追加落下距離を含む最大自由落下距離2.3m**：第一種ショックアブソーバの自由落下距離は1.8 mですが、1.8 mを超える距離で試験を行い、第一種の基準に適合することを確認することは、より安全な措置として認められています。タイプ1ランヤードの標準長さを1.7 mとして手すり高さ対応（胴ベルト型用の従来の取付設備に対応）とする場合は、追加落下距離が0.6mですので、試験落下距離を1.7＋0.6＝2.3 mとして試験を行います。

高さの基準の計算例
（フックの取付高さが墜落制止後も変わらない場合）

1）胴ベルト型が使用可能な高さ

　　胴ベルト型を使用することが可能な高さの目安は、フルハーネス型を使用すると仮定した場合の自由落下距離[*1]と、ショックアブソーバの伸びの最大合計値に１ｍを加えた値[*3]以下とする必要があります。

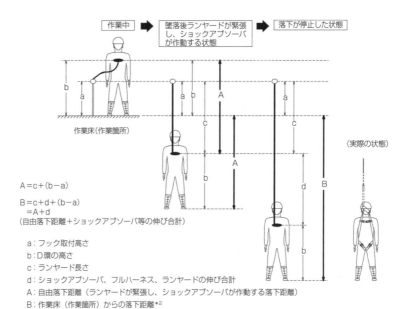

A＝c＋(b−a)

B＝c＋d＋(b−a)
　＝A＋d
（自由落下距離＋ショックアブソーバ等の伸び合計）

　a：フック取付高さ
　b：D環の高さ
　c：ランヤード長さ
　d：ショックアブソーバ、フルハーネス、ランヤードの伸び合計
　A：自由落下距離（ランヤードが緊張し、ショックアブソーバが作動する落下距離）
　B：作業床（作業箇所）からの落下距離[*2]
b−a：追加落下距離

図１　フルハーネス型の落下距離等

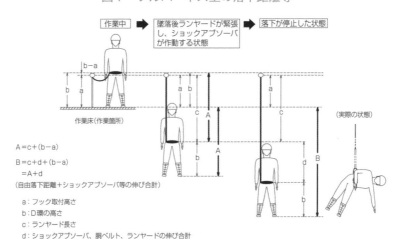

A＝c＋(b−a)

B＝c＋d＋(b−a)
　＝A＋d
（自由落下距離＋ショックアブソーバ等の伸び合計）

　a：フック取付高さ
　b：D環の高さ
　c：ランヤード長さ
　d：ショックアブソーバ、胴ベルト、ランヤードの伸び合計
　A：自由落下距離（ランヤードが緊張し、ショックアブソーバが作動する落下距離）
　B：作業床（作業箇所）からの落下距離
b−a：追加落下距離

図２　胴ベルト型の落下距離等

＊1　**自由落下距離**：作業者がフルハーネス又は胴ベルトを装着する場合における当該フルハーネス又は胴ベルトにランヤードを接続する部分の高さからフック等の取付設備等の高さを減じたものにランヤードの長さを加えたものをいう。（**図1及び図2**のA）

＊2　**落下距離**：作業者の墜落を制止するときに生ずるランヤード及びフルハーネス又は胴ベルトの伸び等に自由落下距離を加えたものをいう。（**図1及び図2**のB）

＊3　**ショックアブソーバの伸びの最大合計値に1mを加えた値**：質量100kgで最も伸びが大きいと考えられる条件の基に落下試験を行い、フルハーネスなどの伸び（ロープの伸び＋フルハーネスの伸び）を測定した結果によって1mとされた。

2）フルハーネス型を使用すべき高さの基準（タイプ2ランヤード）

　　フルハーネス型を使用しなければならない高さ（胴ベルト型が使用できない高さ）として、いかなる場合も守らなければならない高さの基準6.75mは、タイプ1ランヤードよりも落下距離の大きいタイプ2ランヤードの最大値より、算出されます。

　　ショックアブソーバ第二種の自由落下距離：4.0m

　　ショックアブソーバ第二種の伸びの最大値：1.75m

| ショックアブソーバの
自由落下距離の最大値
4.0m | + | ショックアブソーバ
の伸びの最大値
1.75m | + | **1m** | = | 高さ
6.75m |

3）胴ベルト型が使用可能な高さの目安

　　胴ベルト型が使用可能な高さの目安は、タイプ1ランヤードより、算出されます。

　　　標準的な使用条件を

　　　　ランヤードのフックの取付高さ：0.85m……（a）

　　　　ランヤードとフルハーネスを結合するD環の高さ：1.45m……（b）

　　　　ランヤード長さ：1.7m……（c）

　　　　ショックアブソーバ（第一種）の伸び最大値：1.2m ⎫
　　　　フルハーネス等の伸び：1m程度　　　　　　　　　⎬……（d）

と想定すると、

追加落下距離：b－a＝1.45－0.85＝0.6m

自由落下距離：A＝c＋（b－a）＝1.7＋0.6＝2.3m

作業床からの落下距離：B＝A＋d＝2.3＋（1.2＋1）＝4.5m

| ショックアブソーバの
自由落下距離の最大値
2.3m | + | ショックアブソーバ
の伸びの最大値
1.2m | + | **1m** | = | 高さ
4.5m |

となり、タイプ1ランヤードの場合の目安高さは4.5÷5m以下とされています。

⑵ ランヤード等の選定

㈦ ショックアブソーバの選定

腰の高さ以上にフックを掛けて作業を行うことが可能な場合には、第一種ショックアブソーバを選定します。一方、足元にフックを掛けて作業を行う必要がある場合や、両方の作業が混在する場合には、第二種ショックアブソーバを選定します。その場合ランヤードがエッジに接触したり、フックがねじられて損傷する危険性が高いので、注意が必要です。

ワークポジショニング作業では、通常は足元にフックを掛ける作業はないため第一種ショックアブソーバを選定します。足元にフックを掛ける作業が含まれる場合には、第二種ショックアブソーバを選んでください。どちらの種類であるかは、**図2-17**のような表示がショックアブソーバに付けられているので確認します。

㈦ ランヤードの選定

1）選定

図2-17のように表示された、標準的な使用条件の下で使用した場合の落下距離を確認し、作業を行う箇所の高さに応じ、適切なランヤードを選定します。すなわち、高さが比較的低かったり、フックを掛ける位置が低いときは、落下距離が小さくなるように、短めのランヤードを用います。

また、ロック機能付き巻取り式ランヤードも、通常のランヤードと比較して落下距離が短いため、使用が推奨されます。

2）標準的な落下距離の算出例

フルハーネス型ロープ式（タイプ１）ランヤード、100kg以下用の場合 【一例】

最大自由落下距離＋ショックアブソーバの伸びの最大値（これ以上は伸びない長さ）＋ロープやハーネスの伸び（緩く装着したときのズレ）＝2.3m＋1.1m＋1.0m＝4.4m

「墜落制止用器具の規格」に基づく表示		
種類	種別	使用可能質量
フルハーネス型	第一種（4kN）	100kg
最大自由落下距離	落下距離	製造年月
2.3m	4.4m	○○○に記載

第一種ショックアブソーバ

「墜落制止用器具の規格」に基づく表示		
種類	種別	使用可能質量
フルハーネス型	第二種（6kN）	100kg
最大自由落下距離	落下距離	製造年月
4.0m	6.0m	○○○に記載

第二種ショックアブソーバ

図2-17　ショックアブソーバの表示例

自由落下距離を短くした場合

　ロック装置付き常時巻取り型ランヤードの場合、自由落下距離を短くすると落下距離も短くなります。

　図2-18の例では、全引き出し（ランヤード長さ1.7m）での使用で、元のD環高さからの落下距離が4.4mですが、2分の1引き出し（ランヤードの見かけ長さ1.2m）では2.9m、全巻き取り（ランヤードの見かけ長さ0.6m）では2.2mとなります。さらにフックをD環高さの1.45mに掛けると、元のD環高さからの落下距離は1.6mになります。

　ロープ式や伸縮ストラップ式のランヤードでも、フック取付け高さを高くすることで落下距離が短くなります。

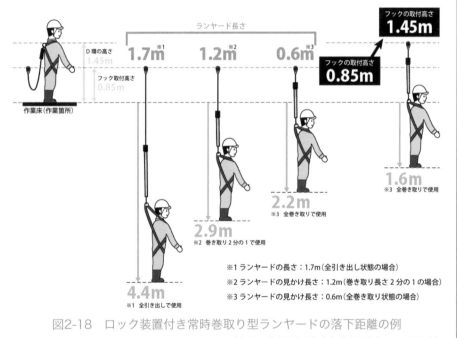

図2-18　ロック装置付き常時巻取り型ランヤードの落下距離の例

（出典：藤井電工株式会社HPより、一部改変）

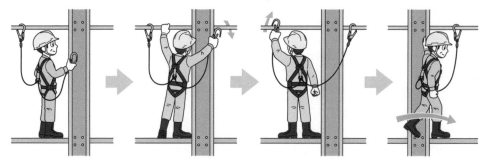

図2-19　2丁掛け墜落制止用器具

㈱　2つのフック等を相互に使用する2丁掛け

　　作業場所を移動しながら行う作業の場合、移動に伴ってフックを掛け替える必要があり、そのたびに墜落のリスクが高まることになります。そこで、そうした作業では「2丁掛け」の使用が望まれます（**図2-19**）。

　　なお2丁掛け式ランヤードの選定において、2本のランヤードが同じ長さのものを選定する場合などでは、一つのショックアブソーバに2つのフックが連結されたものと、それぞれにショックアブソーバが連結されたものがあります。

現場での注意点

　　1つのショックアブソーバでフックを2つ備えたものを使用する場合（**図2-20**）は、相互にではなくフック2つを常時2丁掛けして使用しても問題ありません。

　　2つのショックアブソーバが2本のランヤードそれぞれに連結されたものを使用する場合、ランヤードを2本使用する場合（**図2-21**）は、掛け替え時以外、常時1丁掛けで作業を行うのがよいでしょう。

図2-20　ショックアブソーバ1個を備えた2丁掛け式ランヤード

製品の問題でない。ショックアブソーバが２つあるランヤードで作業中にフックを２つ掛けることで墜落制止荷重が増加することが問題。

図2-21　ショックアブソーバ１個を備えた１丁掛け式ランヤードを２本使用

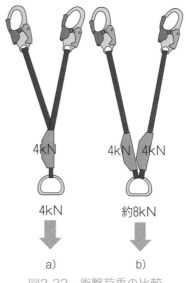

図2-22　衝撃荷重の比較

　なぜなら、一般的なショックアブソーバは一定の荷重が加わった際に縫合部分が引き裂かれることで墜落制止時の衝撃を吸収し緩和する構造なので（37ページ参照）、**図2-22b）**のように、第一種ショックアブソーバが２つ付いた状態で作動したときには、それぞれのショックアブソーバへ負荷がかかり、身体へ作用する荷重が約２倍（約８kN）の墜落制止荷重となる可能性があるためです。

　ショックアブソーバの数を現場管理とする煩雑さが問題となるので、**図2-19**のように、移動時と作業時は１丁掛けとし、掛け替え時のみ２丁掛けにして運用する方法があります。

⑶　フルハーネス等の選定

㋐　フルハーネス（ハーネス本体）の選定

　メーカーや型式によってサイズ、Ｄ環の位置、腿ベルトのタイプ、バックルのタイプなどが異なりますので、作業性や装着性を考慮して選定します。また、防寒着の上に装着するときなどは、胴や腿の太さなどの寸法が太くなるので、あらかじめ、調節範囲も確認してください。

　なお、フルハーネスの上から着用する防寒着や冷却用電動ファン付き作業服（**図2-23**）も販売されています。ランヤード取り出し用のスリットがあらかじめ用意されており、快適に冬や夏の高所作業を実施できる工夫がされています。その他、熱中症予防用電動ファン付き作業服の上

図2-23　フルハーネス上に着用できる作業服の例

から、フルハーネスを装着する場合は、空気の流れを阻害しない手段を施さないと、十分な冷却効果が期待できない場合があります。また、ベルトを弛ませてフルハーネスと身体中に大きな隙間ができてしまうと、衝撃値の増加や胸バンドによる頸部の圧迫に繋がりますので、ベルト長さ調整は適正に行ってください。

㈡　**フルハーネスとランヤードの組合せ**

　　令和元年の構造規格改正では、フルハーネスとランヤードは別々に試験を行って性能を確認しますが、それらの組合せに関してメーカーは、同一メーカー製品の組合せを推奨しています。特にショックアブソーバ単体とロープなどの部品を勝手に組み合わせてはいけません。なお、フルハーネスとランヤードが連結された一体型の製品もあります。

タイプ2ランヤードの選定と使い方

　令和元年の構造規格改正では、タイプ2ランヤード、つまり足元にフックを掛けることが許容されました。この使い方は日本では実績がなく、非常に危険性が高い（エッジに接触する可能性やフックに無理な力が加わる）ことを認識する必要があります。海外では、足元のアンカーとセットのもので、専用の取付金具などが必要とされています。

　登山用のナイロンザイルが切れた事件を題材とする井上靖の『氷壁』という小説がありましたが、ランヤードのロープやストラップは、構造物の鋭利な角に瞬間的に接触すると切断するおそれがあります。また、足元の孔などにフックを掛ける場合などは十分に大きな箇所に掛け、フックが上下左右に自在となることを確認しましょう。

　さらに、製造業などの設備においては、安易にタイプ2ランヤードを選ぶのではなく、作業床や取付設備を設けることも必要です。

4. ランヤードの取付設備等の種類および構造

適切な墜落制止用器具を選択しても、フックを掛ける取付設備の形状・強度、掛ける位置を誤ると、期待したような墜落制止効果を得ることができません。堅固な取付設備を確保し、確実にフックを掛け、外れないように接続しなければなりません。取付設備としては大きく分けて、鉄骨など建築物の構造体、専用の取付金具、親綱の３つが考えられます。

⑴　鉄骨など建築物の構造体

取付設備としては、フックが外れたり抜けたりするおそれのないもので、墜落制止時の衝撃力に対し、十分に耐えうる堅固なものである必要があります。フックが掛かりやすい柱や梁など建築物の構造体がある場合には、それを利用します（**図2-24**）。

ただし、取り付ける対象物に鋭い角がある場合には、ロープやストラップが角に直接当たらないように、角を避けて取り付けたり、当て物をして保護する等の措置をとるようにします。

図2-24　建築物に取り付けた例

図2-25　取付レールの例

⑵　専用の取付設備

高所作業を行う場所には、専用の取付設備をあらかじめ設けておきたいものです。壁や柱等に取付金具を固定したり、専用の取付レールを設置しておきましょう（**図2-25**）。

⑶　親綱

作業場の近くに強固な取付設備となる構造物がない場合には、ランヤードとフルハーネス等を結合するD環より高い位置にロープを張り、それにフックを掛け

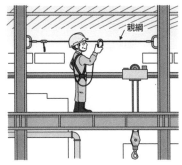

図2-26　親綱の例

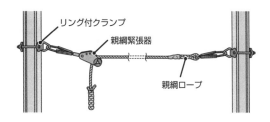

図2-27　緊張器の例

て墜落制止用器具を使用します。このロープを「親綱」と呼びます（**図2－26**）。

　親綱の材質はナイロン等の合成繊維やワイヤとし、十分な強度を満たし破断しないものを使用します。

　親綱等を張る際には、親綱に張力を加える緊張器などが利用されます（**図2-27**）。また、親綱支柱を使って張る際は、必ず控綱を設置してください（75ページ参照）。

⑷　昇降時の取付設備

　はしご等での昇降時や傾斜面でフルハーネス型を使用するためには、取付

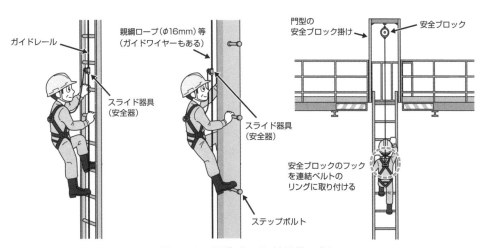

図2-28　昇降時の取付設備の例

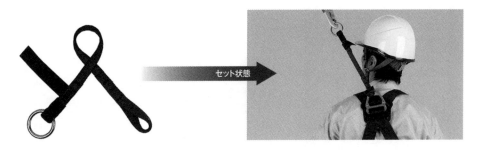

図2-29　連結ベルトの例

図2-30　安全ブロックの例

レールや親綱を垂直に設置したり、安全ブロックを堅固な設備に取り付けておくなどの措置をとります。作業者は、安全ブロックや、ガイドレールまたは親綱をスライドするスライド器具のフックを墜落制止用器具のD環（連結ベルトを介してもよい）に取り付けて昇降します（**図2-28**、**図2-29**）。

　「安全ブロック」は昇降時等の墜落を防ぐ器具で、高所に取り付けた安全ブロックのストラップやワイヤロープをフルハーネスのD環に接続すると、ストラップ等は昇るにつれて収納され、また降りるにつれて引き出され、急速に引き出されるとロックして墜落等を阻止します。

　十分な強度を有する構造物等にあらかじめ接続しておき、作業時にフルハーネスの連結ベルトに接続して使用します。安全ブロックのストラップやワイヤの長さはさまざまであるため、作業現場の高さ等に応じて選択します。墜落時にストラップをロックするロック機能のほか、ショックアブソーバ性能を有するものもあります（**図2-30**）。

　なお、安全ブロックを傾斜面で使用するとロック機能が作動しない場合があるので、十分注意することが必要です。

第3章

フルハーネス型墜落制止用器具等の使用方法

―――― 第3章のポイント ――――

　本章では、フルハーネス型墜落制止用器具の使用方法と留意点について学びます。

○いざというときにズレや抜け落ちがなく墜落が制止されるよう、フルハーネス型墜落制止用器具の正しい装着方法について

○いざというときにフックが外れたりしないよう、取付設備への正しい取付け方について

○ワークポジショニング用器具など関連器具の取付けおよび使用方法について

○フルハーネス型墜落制止用器具の点検項目とポイント、整備方法、廃棄・交換の目安について

1. フルハーネス型墜落制止用器具の装着方法

　一般的なフルハーネス型墜落制止用器具（以下「フルハーネス型」という）の装着方法を以下に紹介します。細部については製品によって異なるところもありますので、使用製品の取扱説明書を必ずよく読んで、確認したうえで装着してください。

⑴　フルハーネスの装着手順例

　各ベルトを装着する際には、緩みなく確実に装着しないと、墜落制止時にベルトがずり上がり特定のベルトに荷重がかかり過ぎるため、安全な姿勢が保てなくなるおそれがあります。そのためには、肩、腿など各部のベルトの

① 肩ベルトに両腕を通します。

② 胸ベルトの胸バックルを留めて、緩みがないように長さを調節します。

③ 左右腿ベルトのバックルを留め、腿の太さにあわせて緩みがないように長さを調節します。

④ 左右肩ベルトの長さをあわせ、身体にフィットするように緩みなく調節します。

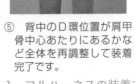

⑤ 背中のD環位置が肩甲骨中心あたりにあるかなど全体を再調整して装着完了です。

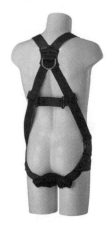

図3-1　フルハーネスの装着方法

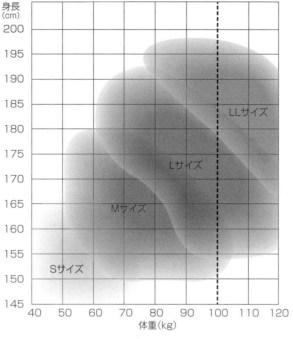

図3-2　呼称サイズと体格の相関図（例）

長さを、各人の体格にフィットするようにきちんと調節することが大切です。そのうえで、ベルトにねじれ等がないように整え、バックルを確実に留めて装着します。背中のＤ環は、肩甲骨の中心の高さあたりが適切な位置です。主な手順は**図3-1**のとおりです。詳細は、当該製品の取扱説明書を確認してください。

　また、着用者の身長・体重とフルハーネスのサイズ呼称との関係は、**図3-2**のとおりで、各メーカーのカタログなどに記載されています。サイズ呼称と体格のマッチングは各社で異なります。

⑵　バックルの連結

㋐　ワンタッチバックル

　ワンタッチバックルは、差込プレートを本体の奥に当たってカチッと音がするまで差し込みます。ベルトを左右に引っ張って、ロックされていることを確認しましょう。なお、ベルトの長さが長く、締まり具合が緩い場合には、しっかりと締まるまで長さ調節金具からベルトを引き出して長さを調節し、ベルト通しをずらして余長部をベルト通しで束ねます（**図3-3**）。

① 差込プレートを本体の奥に当たってカチッと音がするまで差し込む

② ベルトを左右に引っ張って、ロックされていることを確認する

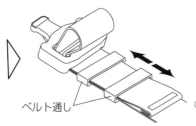

ベルト通し

③ ベルトを引き出して長さを調節したら、ベルト通しで余長部を束ねる

図3-3　ワンタッチバックルの連結

差込スライド板

開口部

バックル本体

① 差込スライド板を横にして、バックル本体の開口部に通す

ベルト通し

突起部

② 差込スライド板の突起部が本体に納まるように重ねた後、ベルト長さを調節

図3-4　パススルーバックルの連結

㈄　パススルーバックル

　　　パススルーバックルは、差込スライド板を横にした状態でバックル本体の開口部に通し、差込スライド板の突起部がバックル本体に納まるように重ねた後、ベルト先端部を引っ張ってベルトがしっかりと締まる長さに調節します（**図3-4**）。

　バックルの連結後に、ワンタッチバックルのロック解除レバーが押し込まれたままの位置にあったり、パススルーバックルの突起部がバックル本体から浮いているような場合は、正しく連結されていません。連結操作をやり直してください（**図3-5**）。

　なお、フルハーネス型の場合は、通常２つ以上のバックルがあるので、これらの組み合わせを誤って連結することのないように注意が必要です。

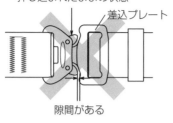
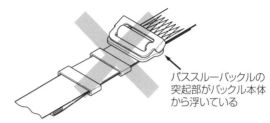

ロック解除レバーが
押し込まれたままの状態

差込プレート

隙間がある

ワンタッチバックル

パススルーバックルの
突起部がバックル本体
から浮いている

パススルーバックル

図3-5　バックルの連結不良の例

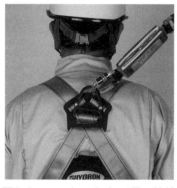

図3-6　ランヤードをD環に接続

表3-1　ベルト装着後のチェック項目（例）

○ベルトにねじれはないか
○ベルトに緩みはないか
○バックルは確実に連結されているか
○ランヤードや連結ベルトは確実にD環に接続されているか
○すぐには使用しないランヤードや、ベルトの余長はまとめて束ねられているか

⑶　ランヤードの接続

　ランヤードのフックを直接D環に接続する場合や、着脱式連結ベルトを使用する場合には、ランヤードや連結ベルトのフック等をあらかじめ背部のD環に取り付けてから、ハーネスを装着します（**図3-6**）。なお、2丁掛け式ランヤードを使用する場合、当該ランヤードには主・副の2つのフックのほか、フルハーネスと接続するための器具を備えています。その取付けにおいて、前者は親綱など取付設備に、後者はフルハーネスのD環と接続することが必要です。これを用いずに、主ないし副フックの一方をフルハーネスと接続し、他方を取付設備に接続して使用した場合、ランヤード長が単純計算で2倍となり、墜落時の落下距離が極めて長くなるため、墜落制止用器具として用いる場合には、身体への衝撃荷重が過大になり極めて危険です。2丁掛け式ランヤードとフルハーネスを接続する際には十分に注意し、管理者等においても、着用者のその接続状況を必ず確認する必要があります。

⑷　ベルト、ランヤード装着後のチェック

　背部の連結の状態や、ベルトの状態などは、自分で確かめることはできま

第**3**章

フルハーネス型墜落制止用
器具等の使用方法

57

せん。必ず周囲の人たちと互いにチェック・確認し合いましょう（**表3-1**）。

2．ランヤードの取付設備等への取付け方法

　墜落制止用器具の取付設備は、フックが外れたり、抜けたりするおそれの
ないもので、墜落制止時の衝撃力に対しても十分に耐えうる堅固なものであ
ることが求められます（第2章参照）。手すりなど、強度が厳格に決められ
ていない設備への取付けは、注意を要します。

⑴　ランヤードの取付位置

　ランヤードのフックを取り付ける位置について、留意するべき点は下記の
とおりです。

・フックを掛けるのは墜落の危険がある箇所には接近できない位置が最適（レ
　ストレイントシステムの例：15ページ参照）。それが難しい場合、可能な
　限り高い位置にする。フルハーネスのD環よりも高い位置が望ましい。最
　低限、腰よりも高い位置とする。その際は、使用する場所の高さよりも落
　下距離の短い器具を用いる（**図3-7**）

・端部が開放されている鉄骨など、フックが横から抜けてしまうような構造
　物には取り付けない（**図3-8**）

・ランヤードが鋭い角に当たってしまうような場所は避ける。やむを得ない
　場合は、当て物を当てて養生するなどの処置を講じる（**図3-9**）

・墜落した場合に振子状に動いて構造物等に衝突するような場所にフックを
　掛けてはいけない（**図3-10**）

タイプ1ランヤード（第一種ショックアブソー
バ）を使用する場合は、D環よりも高い位置に
フックを掛けるようにします

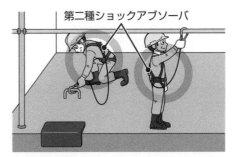

高い位置に掛けられない場合は、タイプ2ラン
ヤード（第二種ショックアブソーバ）を選択し
ます

図3-7　できるだけ高い位置に取り付ける

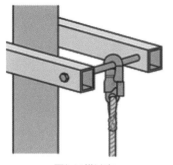

端から抜ける
おそれがある

正しい掛け方　　　　　　　　　　外れやすい掛け方

図3-8　外れやすい掛け方の例

図3-9　角に当たる掛け方の例

図3-10　振子状態に動いて建物にぶつ
かるような場所は避ける

⑵　フックの取付け方

㋐　フックの基本操作

　　ランヤードのフックには、太径の構造物にも掛けやすい大きな「大口
径フック」と、Ｄ環などへ掛けるのに手ごろな大きさの「小型フック」
があります。ともに「安全装置」と「外れ止め装置」を備えており、両
方を同時に押さえないと開閉できないようになっています（**図3-11**）。

　　構造物等に掛けるときは、まず安全装置を握り、同時に外れ止め装置
を握って開口します。外すときも同様です（**図3-12**）。

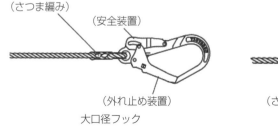

（さつま編み）

（安全装置）

（外れ止め装置）

大口径フック

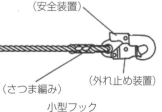

（安全装置）

（外れ止め装置）

（さつま編み）

小型フック

図3-11　フックの構造

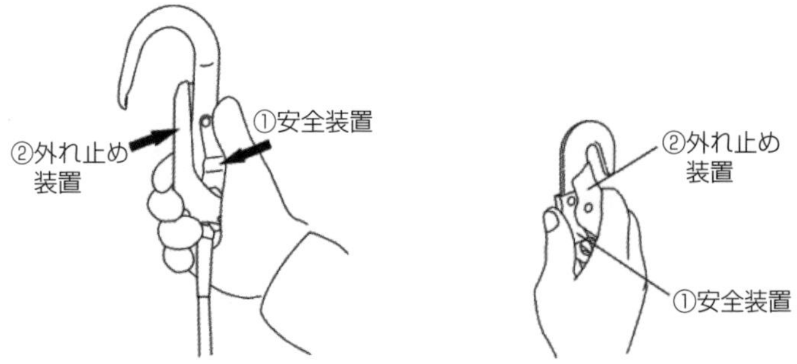
①安全装置
②外れ止め
装置
②外れ止め
装置
①安全装置

大口径フック　　　　　　小型フック

図3-12　フックの操作

(イ) 取付設備への取付け方法

フックは、ランヤードのロープ等の取付部とかぎ部に掛かる引張荷重に対して強度を持たせるように作られています。かぎ部に対して横向きに曲げるように加えられる力や、外れ止め装置に加えられる力に対しては、あまり強くありません。破損してしまうこともあるので、そのような力の掛かり方をするような掛け方は避けなければなりません。フックは、まっすぐ下向きに取り付けるのが原則です（**図3-13**）。また、ランヤードのロープ等がねじれた状態でフックの外れ止め装置に絡むと、外れ止め装置が変形・破断して外れることがあるので、注意しましょう。

なお、取付設備にランヤードを巻きつけ、フックにランヤードを通して固定する「回し掛け」という方法も行われていますが、フックに横方向の曲げ荷重を受けたり、取付設備の鋭角部にランヤードが当たって破断したりするなどの問題が生じるおそれがあるので、避けましょう。また、大口径フックでは回し掛けを行わないことが望まれます。やむなく回し掛けを行う場合は、これらの問題を回避できるように対策を講じたうえで行います（**図3-13**）。

また、ランヤードのフックの取付部にショックアブソーバが付いたタイプのものは、回し掛けをしてフックがショックアブソーバに掛かると、墜落時にショックアブソーバが機能しないことがあるので、このタイプでは回し掛けを行ってはいけません。

(ウ) 親綱への取付け方法

水平方向に張る水平親綱は、レストレイントシステム（墜落危険箇所への接近防止対策）として採用する場合を除き、できるだけ高い位置に張り、それにランヤードのフックを掛けて使用します（**図2-26**：51ページ）。

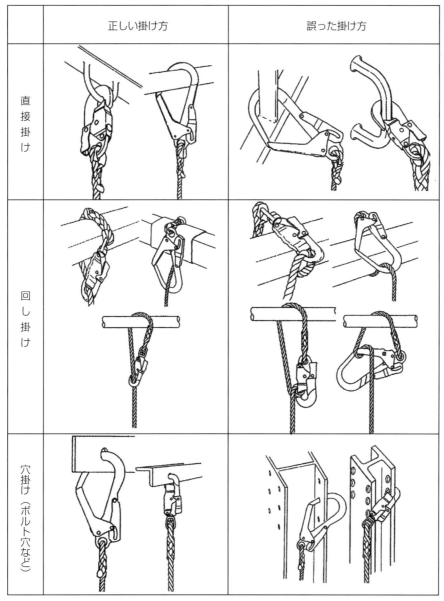

	正しい掛け方	誤った掛け方
直接掛け		
回し掛け		
穴掛け（ボルト穴など）		

（出典：産業安全研究所技術指針「安全帯使用指針」より）

図3-13　フックの掛け方

昇降設備などに垂直方向に張る垂直親綱は、親綱に取り付けたスライド器具などのフックをフルハーネスと連結して使用します（**図2-28**：51ページ）。

　なお、水平・垂直親綱とも親綱を利用する作業者数は、原則として1スパンに1名とします。

3．フルハーネス型墜落制止用器具　使用時の留意点

　フルハーネス型を使用する際には、以下の点に注意します。

・フルハーネス型に体重を掛けるような使い方は行わない。必要なときはワークポジショニング用器具を用いる

・フルハーネス型を装着して現場を歩行する際は、ランヤードやフックが構造物などに引っ掛からないよう、収納袋や巻取り器にきちんと納めておく

・ロック装置付き巻取り式ランヤードを使用している際は、走ったり飛び降りたりするとロックが掛かるので、急な動作は行わないようにする

・ベルトやランヤードは、火気・高温・薬品などに触れると著しく強度が落ちるおそれがあるので、接触させないこと。特に溶接作業時に飛び散る火花による損傷は大変危険なので、火花がかからないように注意する

4．フルハーネス型墜落制止用器具の関連器具の使用方法

⑴　ワークポジショニング用器具

　柱上作業など、ロープの張力により高所で作業者の身体を保持しながら行う作業を「ワークポジショニング作業」（Ｕ字つり作業）といい、そのための器具を「ワークポジショニング用器具」といいます（**図3-14**）。かつては、柱上安全帯と呼ばれていたもので、フルハーネス型と併用して使います。

図3-14　ワークポジショニング用器具

具体的には、胴ベルト部の角環、Ｄ環に接続したワークポジショニング用ロープを堅固な取付設備に回して掛け、身体を預けます。接続の手順は以下のとおりです。

① ワークポジショニング用器具の伸縮調節器を、フルハーネスと連結している胴ベルト部の角環に取り付ける。この際、着脱フックの外れ止め装置が身体の外側にくるようにする

② ワークポジショニング用ロープを堅固な取付設備に回して掛ける。腰よりも高い位置に、使用中に滑り落ちないように掛ける

③ フックを胴ベルト部の反対側のＤ環に接続する

④ 伸縮調節器でロープの長さを調節し、ゆっくりと全体重を掛ける

使用にあたり、下記の点に留意しましょう。

・フックは、ひねられたり、外れ止め装置や安全装置がベルトや構造物などで作動方向に押されないように掛ける

・フックや伸縮調節器に工具袋や金具を接触させない

・フックがＤ環に正しく掛かっていることを、必ず目視で確認する

・さつま編み込み部に「屈曲」や「しごき」を繰り返し加えると、徐々に緩みが生じて抜けてしまうおそれがあるので、「屈曲」や「しごき」を加えるような使い方は避ける

⑵　安全ブロック

　安全ブロックは昇降時等の墜落を防ぐための器具で、フルハーネスのＤ環に接続したワイヤロープ等が急速に引き出されるとロックして墜落等を制止します。

　使用方法は、以下のとおりです。

① 安全ブロックを、作業者が昇降するよりも高い位置の構造物に取り付ける

② 引き寄せロープでフックを手元に引き寄せる

③ フルハーネスのＤ環または連結ベルトのリングに、フックを取り付ける

④ ワイヤを素早く引き出し、ロックすることを確認する

⑤ 昇降する

　使用に際して、留意する点は以下のとおりです（**図3-15**）。

・安全ブロックは、しっかりとした構造物に取り付ける。なお、取付作業に

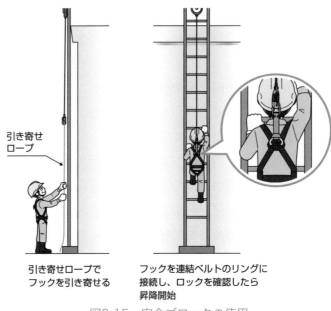

引き寄せ
ロープ

引き寄せロープで
フックを引き寄せる

フックを連結ベルトのリングに
接続し、ロックを確認したら
昇降開始

図3-15　安全ブロックの使用

際しては、作業床を設けるなど十分な墜落防止措置を講じる

・安全ブロックの取付け点よりも高い場所では作業しない

・地面近くではロックが間に合わない場合があることに留意する

・安全ブロックにランヤードを連結して使用してはならない

5．フルハーネス型墜落制止用器具 の点検および整備の方法

　フルハーネス型の点検・保守および保管は、責任者等を定めて確実に行い、管理台帳等にそれらの結果や必要な事項を記録します。

(1)　点検

　フルハーネス型は、日常点検のほかに、半年を超えない一定期間ごとに定期点検を行いましょう。点検時には、取扱説明書に記載されている安全上必要な部品がすべて揃っているかを確認します。点検項目の例を**表3-2**に、廃棄基準の例を**表3-3**に示します。ランヤードのロープ等は摩耗の進行が早いため、少なくとも１年以上使用しているものについては、短い間隔で定期的に目視でチェックします。

表3-2　フルハーネス型の点検項目例

フルハーネス型の取換要項の一例を示したものです。

フルハーネス型点検チェックリスト　(チェックリストは一例を示す)				レ：異常なし △：異常あり ×：廃　棄
フルハーネス型を正しく使用して頂くため、始業点検や定期点検は必ず行ってください。廃棄基準に該当する場合は新品と取り替えてください。				

各 部 外 観			点 検 項 目 と 廃 棄 基 準	判 定
ベルト	両　耳	摩耗・擦り切れ	2mm以上の摩耗・擦り切れのあるもの	
		切　り　傷	2mm以上の切り傷のあるもの	
		焼 損 ・ 溶 融	2mm以上焼損・溶融しているもの	
	幅の中	摩耗・擦り切れ	2mm以上の摩耗・擦り切れのあるもの	
		切　り　傷	2mm以上の切り傷のあるもの	
		焼 損 ・ 溶 融	2mm以上焼損・溶融しているもの	
	全　体	薬 品 ・ 塗 料	汚れ・変色・硬化しているもの	
		切　り　傷	2mm以上の切り傷のあるもの	
		焼 損 ・ 溶 融	2mm以上焼損・溶融しているもの	
	縫製部	縫　　　糸	縫製部に緩みやほつれがあるものや、縫糸が1カ所以上切断しているもの	
ロ ー プ		切　り　傷	1リード内に7ヤーン以上の切り傷のあるもの	
		摩　　　耗	摩耗して、棒状になったもの	
		キ　ン　ク	キンクしているもの	
		薬 品 ・ 塗 料	汚れ・変色・硬化しているもの	
		焼 損 ・ 溶 融	1リード内に7ヤーン以上焼損・溶融しているもの	
		シ ン ブ ル	脱落しているもの	
		さ つ ま 編	抜けているもの・ストランドの乱れや端末部の余長が引き込まれているもの	
		変　　　形	形崩れ・著しい縮みのあるもの	
ストラップ [伸縮式]		摩耗・毛羽立ち	全体的に摩耗・毛羽立ちがあるもの（素手で確認）・芯が見えているもの	
		焼　　　損	耳または幅の中に1mm以上の焼損があるもの	
		退　　　色	紫外線によって蛇腹（山と谷）の山部分が白っぽく退色、または全体的に退色しているもの	
		薬 品 ・ 塗 料	汚れ・変色・硬化しているもの	
		破　　　損	縫製部保護チューブが破損または脱落しているもの	
		縫　　　糸	縫製部に緩みやほつれがあるものや、縫糸が1カ所以上切断しているもの	
ストラップ [巻取り式]		摩耗・擦り切れ	芯の露出、また1mm以上の摩耗・擦り切れのあるもの	
		切　り　傷	芯の露出、また1mm以上の切り傷のあるもの	
		焼 損 ・ 溶 融	芯の露出、また1mm以上焼損・溶融しているもの	
		薬 品 ・ 塗 料	汚れ・変色・硬化しているもの	
		縫　　　糸	縫製部に緩みやほつれがあるものや、縫糸が1カ所以上切断しているもの	
バ ッ ク ル		変　　　形	締まり具合が悪いもの・リベットのカシメ部のガタ・変形があるもの	
		摩 滅 ・ 傷	深さ1mm以上の摩滅・傷・亀裂があるもの	
			リベットのカシメ部が2分の1以上摩滅しているもの	
			ベルトの噛合部が摩滅しているもの （正しく装着し、腹部に力を入れてベルトがゆるむもの）	
		錆	全体に錆が発生しているもの	
		ば　　　ね	折損・脱落しているもの	
環　　類 [D 環]		変　　　形	目視で確認できる変形のあるもの	
		摩 滅 ・ 傷	深さ1mm以上の摩滅・傷・亀裂があるもの	
		錆	全体に錆が発生しているもの	
フ ッ ク		変　　　形	外れ止め装置の開閉作動の悪いもの	
			リベットのカシメ部にガタがあるもの	
		摩 滅 ・ 傷	深さ1mm以上の摩滅・傷・亀裂があるもの	
			リベットのカシメ部が2分の1以上摩滅しているもの	
		錆	全体に錆が発生しているもの	
		ば　　　ね	折損・脱落しているもの	
巻 取 り 器		変　　　形	ストラップの巻き込み、引出しができないもの ロック機能付きのものにあっては、ロック機能が作動しないもの	
		締 付 け ね じ	本体の締付けねじが緩んでいるものや脱落しているもの	
		破 損 ・ 傷	巻取り器本体が摩滅しているものや損傷があるもの	
ショック アブソーバ		薬 品 ・ 塗 料	汚れ・変色・硬化しているもの	
		カバーの破損	ショックアブソーバが露出しているもの（テープなどは巻き付けないこと）	
		擦 り 切 れ	両端の環部のベルトが著しく擦り切れているもの	
		縫　　　糸	縫製部に緩みやほつれがあるものや、縫糸が1カ所以上切断しているもの	
		作　　　動	大きな荷重を受け作動したもの	

ロープ、ストラップ（伸縮式）、ストラップ（巻取り式）、については使用開始から2年を目安として交換してください。

（出典：日本安全帯研究会HPより）

表3-3　フルハーネス型の廃棄基準の一例

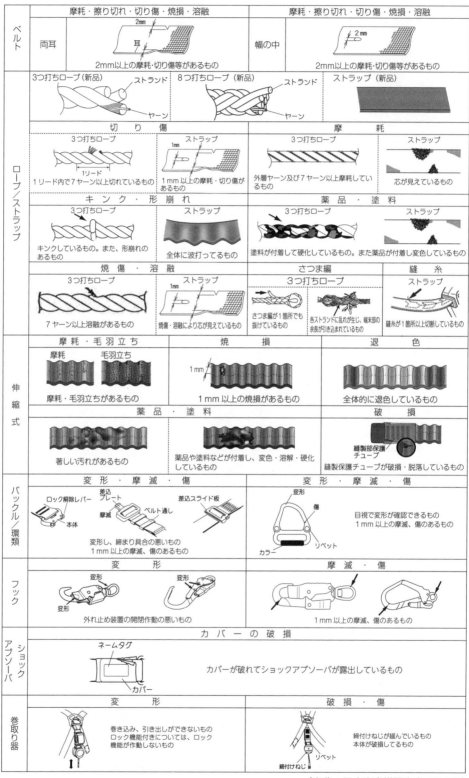

ベルト	摩耗・擦り切れ・切り傷・焼損・溶融	摩耗・擦り切れ・切り傷・焼損・溶融
	両耳 — 2mm以上の摩耗・切り傷等があるもの	幅の中 — 2mm以上の摩耗・切り傷等があるもの

ロープ/ストラップ
- 3つ打ちロープ（新品）／ストランド／ヤーン
- 8つ打ちロープ（新品）／ストランド／ヤーン
- ストラップ（新品）

切り傷
- 3つ打ちロープ：1リード内で7ヤーン以上切れているもの
- ストラップ：1mm以上の摩耗・切り傷があるもの

摩耗
- 3つ打ちロープ：外層ヤーン及び7ヤーン以上摩耗しているもの
- ストラップ：芯が見えているもの

キンク・形崩れ
- 3つ打ちロープ：キンクしているもの。また、形崩れのあるもの
- ストラップ：全体に波打ってるもの

薬品・塗料
- 3つ打ちロープ／ストラップ：塗料が付着して硬化しているもの。また薬品が付着し変色しているもの

焼傷・溶融
- 3つ打ちロープ：7ヤーン以上溶融があるもの
- ストラップ：焼傷・溶融により芯が見えているもの

さつま編
- 3つ打ちロープ：さつま編が1箇所でも抜けているもの／各ストランドに乱れが生じ、端末部の余長が引き込まれているもの

縫糸
- ストラップ：縫糸が1箇所以上切断しているもの

伸縮式

摩耗・毛羽立ち
- 摩耗／毛羽立ち：摩耗・毛羽立ちがあるもの

焼損
- 1mm以上の焼損があるもの

退色
- 全体的に退色しているもの

薬品・塗料
- 著しい汚れがあるもの
- 薬品や塗料などが付着し、変色・溶解・硬化しているもの

破損
- 縫製部保護チューブ：縫製保護チューブが破損・脱落しているもの

バックル/環類

変形・摩滅・傷
- ロック解除レバー／差込プレート／差込スライド板／本体／摩滅／ベルト通し：変形し、締まり具合の悪いもの、1mm以上の摩滅、傷のあるもの

変形・摩滅・傷
- 変形／傷／リベット／カラー：目視で変形が確認できるもの、1mm以上の摩滅、傷のあるもの

フック

変形
- 変形：外れ止め装置の開閉作動の悪いもの

摩滅・傷
- 1mm以上の摩滅、傷のあるもの

ショックアブソーバ

カバーの破損
- ネームタグ／カバー：カバーが破れてショックアブソーバが露出しているもの

巻取り器

変形
- 巻き込み、引き出しができないもの、ロック機能付きについては、ロック機能が作動しないもの

破損・傷
- 締付けねじが緩んでいるもの、本体が破損してるもの／リベット／締付けねじ

（出典：日本安全帯研究会HPより）

以下の箇所は特に痛みやすいので、念入りに点検します。

・ワークポジショニング用器具のロープ

・ワークポジショニング用器具のフック周辺

・工具ホルダーを取り付けている場合、ホルダーに隠れる部分のベルト

　そのほか、以下の点に留意しながら点検を進めます。

　① ベルトの摩耗、傷、ねじれ、塗料・薬品類による変色・硬化・溶解

　② 縫糸の摩耗、切断、ほつれ

　③ 金具類の摩耗、亀裂、変形、錆、腐食、樹脂コーティングの劣化、電気ショートによる溶融、回転部や摺動部の状態、リベットやバネの状態

　④ ランヤードの摩耗、素線切れ、傷、やけこげ、キンク（撚れ・ねじれ）や撚りもどり等による変形、薬品類による変色・硬化・溶解、アイ加工部(端に輪を作り、末端をロープに編み込む加工)のほつれや損傷、ショックアブソーバの状態

　⑤ 巻取り器のストラップの巻込み・引出しの状態

　⑥ ロック機能付き巻取り器では、ストラップを速く引き出したときにロックするかの確認

⑵ 保守

　保守は、定期的かつ必要に応じて、以下のように行います。なお保守にあたっては、他社の製品を分解して、異なる会社の部品同士を組み合わせて使用してはいけません。

　① ベルト、ランヤードのロープ等の汚れは、ぬるま湯を使って洗い、落ちにくい汚れは中性洗剤を使って洗った後、よくすすぎ、直射日光が当たらない室内の風通しのよい場所で自然乾燥させる。その際、ショックアブソーバ内部には水が浸透しないように気をつけること

　② ベルトやランヤードに塗料がついた場合は、布等でふき取る。強度に影響を与えるので中性洗剤を使う

　③ 金具類などが水等に濡れた場合は、乾いた布でよくふき取った後、錆止めの油を薄く塗ること

　④ 金具類の回転部・摺動部には定期的に注油する。砂や泥等がついている場合はよく掃除して取り除くこと

　⑤ 一般的にランヤードのロープ等は、墜落制止用器具の部品のなかでもっとも寿命が短いので、ランヤードのロープ等が摩耗した場合には、

ランヤード全体を交換すること

⑥　巻取り器は、ロープの巻込み・引出し・ロックの動作確認を行うとともに、巻取り器カバーの破損や取付けねじの緩みがないこと、金属部品の著しい錆や腐食がないことを確認すること

⑦　新たに使い始めたフルハーネス型や部品については、本体に使用開始日が記入されているかどうかを確認し、記入されていなければ記入すること

⑶　保管

フルハーネス型は、以下のような場所に保管します。
・直射日光が当たらないところ
・風通しがよく、湿気が少ないところ
・火気・放熱体などが近くにないところ
・腐食性物質が近くに置かれていないところ
・塵埃の少ないところ
・ねずみ等の入らないところ

6．廃棄・交換の目安

点検の結果、次の項目（**図3-16**、**図3-17**、**図3-18**）に該当するものがあれば、直ちに新しいものに交換します。また、古くなったものは経年劣化で強度や機能が失われていることがありますので、点検では異常がなくても、使用開始後2〜3年を目途に交換しましょう。

なお、一度でも落下時の衝撃が掛かったものは絶対に再使用せず、直ちに交換します。

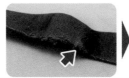 

ベルト耳部の擦り切れが大きくなると強度が大きく
低下します。

胸ベルト

・ベルトに2mm以上の損傷、焼傷、
擦り切れがあるもの
・薬品・塗料などが付着して、著しい
変色・溶解箇所があるもの

調節金具

・深さ1mm以上の傷があるもの

バックル

・ベルト噛合部が摩耗や変形によって、
締まらなかったり、緩んだりするもの
・本体・差込プレート（差込スライド板）
が変形・摩滅しているもの
・ばねの損傷や異物の混入などによって、
ロック解除レバーが元に戻らなかったり、
動きがスムーズでないもの
・深さ1mm以上の傷や摩滅があるもの
・リベットの頭部が2分の1以上摩滅
しているもの
・リベットかしめ部にガタがあるもの
・著しい錆・腐食が発生しているもの

バックルの全体に著しい錆・腐食が発生し
ているもの

リベットの頭部が2分の1以上摩滅しているもの

1mm 以上の傷や摩滅があるもの

環類の全体に著しい錆・腐食が発生しているもの

D 環

・目視で分かる程度の大きな変形があるもの
・深さ1mm以上の傷があるもの
・著しい錆・腐食が発生しているもの
・カラーが破損しているもの、または紛失しているもの

D 環止め

・破損または紛失し、D環が固定できないもの

ベルト

・ベルトに2mm以上の損傷、焼損、擦り切れが
あるもの
・ベルトがねじれたままのものや、ねじれを解消しても
ベルトが曲がってよじれたままのもの
・薬品・塗料などが付着して、著しい変色・溶解箇所・
硬化箇所があるもの
・全体的に摩耗・毛羽立ち・著しい汚れがあるもの
・縫糸が1箇所以上切断しているもの、縫糸が摩耗
しているもの

D環止めが破損または紛失し、
D環が固定できないもの

図3-16　フルハーネスの交換・廃棄の目安

（1）ベルトに2mm以上の損傷・擦り切れがあるもの

（2）ベルトに2mm以上の焼損があるもの

（3）薬品が付着し、変色・溶解箇所があるもの

（4）塗料が著しく付着して、硬化しているもの

（5）全体に摩耗・毛羽立ち・著しい汚れがあるもの

（6）縫糸が1箇所以上切断しているもの

ばねが変形または折損・脱落して外れ止め装置が完全に開閉しないもの

完全に開かないもの　　　完全に閉じないもの

傷

フック
・亀裂が生じているもの
・フックのかぎ部の内側に傷のあるもの
・フックの外側に1mm以上の傷があるもの
・外れ止め・安全装置の動きの悪いもの
・錆（腐食）が激しいもの、又は変形しているもの
・シンブルがないもの
・リベットのカシメ部に緩み、摩滅が生じているもの
・ばねが破損しているもの、又は弱くなっているもの

フルハーネス側フック

ランヤードの廃棄基準　ロープ　ストラップ

外れ止め装置

ストラップ・巻取り器
ストラップ
・芯の露出、また1mm以上の摩耗・擦り切れ・切り傷・焼損・溶融のあるもの
・薬品・塗料で、汚れ・変色・硬化しているもの
・縫い糸が摩耗・擦り切れ・切断しているもの
巻取り器
・ストラップの引き出し又は巻き込みができないもの
・ストラップを勢いよく引き出してもロックが効かないもの
・巻取り器のケースが割れたり、ひびの入っているもの

ショックアブソーバ　安全装置
フルハーネス側フック　構造物側フック

＜ショックアブソーバ＞

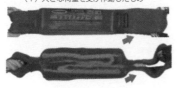

（1）大きな荷重を受け作動したもの

（2）カバーが破れたり脱落して、中のベルトが露出しているもの（テープなどは巻き付けない）

（3）両端のベルトに傷や著しい摩耗・毛羽立ちがあるもの

（4）薬品や塗料が付着し、変色・溶解や硬化箇所があるもの

（5）縫製部に緩みがあるものや、縫糸が摩耗したり、1箇所以上切断しているもの

図3-17　ベルト・金具等の交換・廃棄の目安

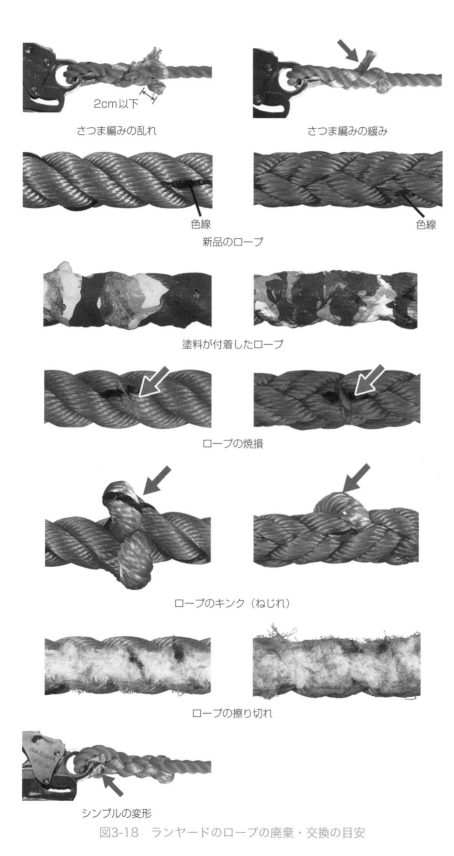

2cm以下

さつま編みの乱れ

さつま編みの緩み

色線

色線

新品のロープ

塗料が付着したロープ

ロープの焼損

ロープのキンク（ねじれ）

ロープの擦り切れ

シンブルの変形

図3-18　ランヤードのロープの廃棄・交換の目安

第4章

労働災害の防止に関する知識

第4章のポイント

本章では、墜落・転落災害をはじめとした労働災害の防止対策について学びます。

○手すりや柵の設置など、法令で定められた墜落防止の設備・対策について

○幅木の設置など、法令で定められた飛来・落下防止の設備・対策について

○感電防止対策や転倒防止対策について

○墜落時に頭部を守る保護帽の使用と保守の方法について

○万が一、墜落事故で宙づりになってしまった場合の措置について

○その他作業に伴う転倒災害や熱中症の防止について

1. 墜落による労働災害の防止のための措置

(1) 墜落防止の設備

　高さ2m以上の作業床の端部や開口部など、墜落の危険がある場所には、墜落を防止するための措置が法令で定められています。

　例えば、開口部には、囲い、手すり、覆い等を設置しなければなりません。これを設けることが困難な場合や、作業の都合上などで、これらの墜落防止設備を取り外して作業を行う場合は、墜落制止用器具の使用が義務付けられます。そのため、墜落制止用器具の取付設備の整備も必要になります。また、労働者は墜落制止用器具の使用を命じられたら、必ず使用しなければなりません。

　仮設足場は、わく組み足場では手すりわくか交さ筋かい、高さが15〜40cmの位置に下さんもしくは高さ15cm以上の幅木などの設置、わく組み足場以外では高さ85cm以上の手すりと高さ35〜50cmの位置に中さんの設置が求められています（**図4-1**、**図4-2**）。

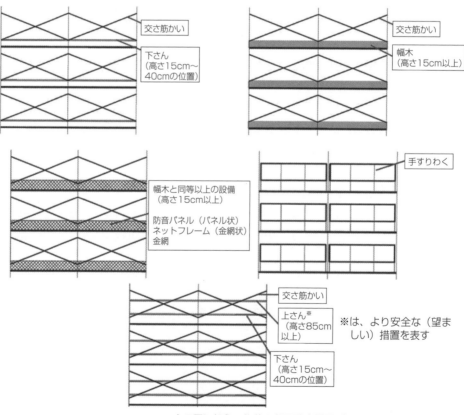

上の図に加え、物体の落下防止措置（76ページ参照）が必要

図4-1　わく組足場の側面からの墜落防止措置

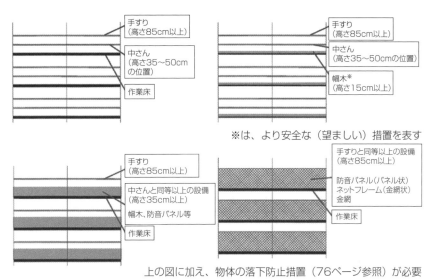

※は、より安全な（望ましい）措置を表す

上の図に加え、物体の落下防止措置（76ページ参照）が必要

図4-2　わく組足場以外の足場の側面からの墜落防止措置

　また、これらの足場における作業床は、幅を40cm以上とすること、床材間の隙間は３cm以下（つり足場については隙間なし）とすること、床材と建地との隙間は12cm未満とすること、などが定められています。

　これらは法令で定められた最低限の設備ですので、勝手な判断で取り外したりしてはいけません。また、破損していたり、外れているところを見つけたら、直ちに上司に報告しましょう。

⑵　親綱等の設置

　高所作業において墜落制止用器具を用いる場合には、構造物など堅固な取付設備が必要になりますが、適切な取付設備がない場合には、水平親綱を設けて取り付けなければなりません。

　一例として、仮設足場の組立て時に用いる水平親綱支柱システムの例を**図4-3**に示します。使用上の注意点は、次のとおりです。

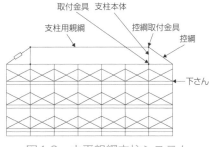

図4-3　水平親綱支柱システム

●とも引き落下　　　　　　　　　　　●振子現象

図4-4　水平親綱の危険な使用例

① 水平親綱は、できるだけD環の位置より高い位置に張り、それにラン
ヤードのフックを掛けて使用する。

② 支柱のスパンは10m以下とする。

③ １スパンに１名のみの使用とする（とも引き落下の防止）（**図4-4**）。

④ 墜落した場合に振子状態となって構造物等に衝突しないように使用す
る（**図4-4**）。

⑤ 墜落制止時に下方の障害物に接触しないように使用する。

⑥ 水平親綱システムを設置直後または張替え直後に以下の項目について
点検を行い、異常を認めた場合には、直ちに補修または取り替える。ま
た、使用中に衝撃を受けた場合には、直ちに取り替える。

・親綱支柱の足場への取付け部

・親綱の張り具合

・親綱、控綱の取付け部および保持部

2．落下物による危険防止のための措置

　高所からの墜落が危険であると同様に、高所から物を落として、それが下
にいた人に当たってしまう飛来・落下も大変危険なものです。これを防ぐた
めに、労働安全衛生法令では、仮設足場等には高さ10cm以上の「幅木」を
設けることが定められています。

　そのほか、仮設足場の外側面に張って、ボルト等が外に落下することを防
ぐ「メッシュシート」、道路などへの物の飛来・落下を防ぐ「朝顔」と呼ば

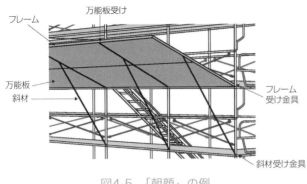
図4-5 「朝顔」の例

図4-6 「カールコード」の例

れる防護棚などもよく使用されています（**図4-5**）。

⑴　幅木

幅木はつま先板ともいい、足場等からの飛来・落下災害および墜落災害の防止のために作業床の外縁に取り付ける木製または金属製の板のことです。飛来・落下防止措置用の幅木は高さ10cm以上（墜落防止措置用は15cm以上）とすることが定められています。使用にあたっては、下記の点に注意します。

　① 　幅木は隙間ができないように配置する。
　② 　幅木の各部に著しい損傷、変形、腐食のないものとする。
　③ 　幅木に材料等を立てかけたり、仮置き等をしない。
　④ 　幅木に乗らない。

⑵　メッシュシート

メッシュシートは、足場等の外側面に設け、部品材料・工具等が足場等の側面を越えて飛来・落下することを防止するものです。しかし、強風時には風荷重が大きくなり、足場等の倒壊を引き起こしかねないので、必要な間隔で足場を壁つなぎ等で補強するなどの措置をとることや、台風の接近が予想されるようなときには事前にメッシュシートを外しておく、またはたたんでおくといった措置をとります。そのほか、使用にあたっては下記の点に注意します。

　① 　必要な性能等が確認されたものを用いる。
　② 　鉄骨等の外周に取り付ける場合、取付けのための水平支持材は原則として5.5m以下ごと、垂直支持材は4 m以下ごとに設ける。
　③ 　支持材への取付けまたはメッシュシート相互の取付けは、メッシュ

シートの縁部で行い、メーカー指定の緊結材（ロープ）を使用して、すべてのハトメについて行う。

④　出隅部、入隅部等の箇所は、その寸法にあったメッシュシートを用いて隙間のないように取り付ける。

⑶　朝顔

朝顔は足場等の外側への物の飛来・落下を防ぐために設置される防護棚です。設置に際しては、下記の点に注意します。

①　工事を行う部分が地上から10m以上の場合は１段以上、20m以上の場合は２段以上設ける。なお、最下段の朝顔は、工事を行う部分の下10m以内の位置に設ける。

②　隙間がないもので、十分な耐力を有する適正な厚さとする。

③　水平距離で２m以上突出させ、水平面となす角度を20度以上とし、風圧、振動、衝撃等で外れないよう堅固に取り付ける。

④　道路上空に設ける場合には、道路管理者、所轄警察署長の許可を得る。

こうした、設備面での措置以外に、作業者も物を落とさないよう、落とされないように留意しなければなりません。飛来・落下災害を防ぐ基本の一つには、足場等での上下作業の禁止が挙げられます。上で作業が行われていれば、万が一何かが落ちてこないとも限りません。このような場合は、上司に報告して作業を調整してもらいましょう。また、自分で作業を行う際にも、カールコードや工具ホルダを用いましょう（**図4-6**）。

3．感電防止のための措置

高所作業では、手に持っている鋼管などが近接する電線等に接触して感電するリスクがあるほか、電動工具や投光器等の配線が傷つき、充電部が露出して感電することもあります。

感電は、人体に流れる電流の大きさ（大きいほど危険）、人体を通過する時間（長いほど危険）、通電経路（経路に心臓があると危険）によって、しびれる程度の影響から心室細動を起こして死に至らせる可能性まであります。感電災害は、発汗や雨で皮膚が濡れると生じやすくなります。濡れたハーネスは導電体になることにも注意が必要です。

⑴ 職場で行われている主な対策

職場で行われている主な感電防止対策は次のとおりです。

① 充電電路の管理者との事前の打合せと周辺の状況等の調査を行ったうえで、図面を含めた作業計画書の作成とそれに従った作業の実施。

② 電気用ゴム手袋、電気用長靴、頭上の活線に接触しての感電を防ぐための電気用（絶縁用）保護帽等、絶縁用保護具の使用。

③ 充電部を露出させない。

・絶縁用防護具の装着（低圧、高圧の架空電線や電気機器の充電電路の近くで作業を行う場合に、作業中に接触するおそれに備え、その充電電路に装着される、防護管や防護シート等の絶縁性の防護具）

・絶縁用防具の装着（電気工事の活線近接作業で用いる、周囲の配線、充電電路に装着する絶縁シート等）

④ 作業場所と充電部との距離は近接し、**表4-1**、**表4-2**の離隔距離以内にあるときは、上記のような接触防止措置を講ずるか、離隔距離を保って作業を行う。

表4-1　厚生労働省通達による離隔距離

電路の電圧	離隔距離
特別高圧（7,000Vを超える）	2 m。ただし、60,000V以上は10,000Vまたはその端数増すごとに20cm増
高圧 （交流600Vを超え7,000V以下、直流750Vを越え7,000V以下）	1.2m
低圧（交流600V以下、直流750V以下）	1 m

(注) 高圧および低圧に対しては、絶縁用防具などを電路に装着することにより上表の離隔距離以内に接近することができる。
（昭和50年12月17日基発第759号）

表4-2　公称電圧に対する離隔距離

公称電圧	離隔距離（m）
100／200／240／415（V）	1.0
3.3／6.6（kV）	1.2
11（kV）	2.0
22	2.0
33	2.0
66	2.2
77	2.4
110	3.0
154	4.0
187	4.6
220	5.2
275	6.4
500	10.8

⑤　水気や湿気がある場所、移動式の電動工具（コードリール等）、屋外のコンセント等への漏電遮断器の取付け。

⑥　接地工事（アースを行うことにより、漏電した場合でも、漏れた電流の大半はアース線を通じ地中に流れるため、人体への影響を緩和することができる）。

⑵　**作業者が注意する事項**

①　墜落のおそれのあるところでは、必ず墜落制止用器具を使用する。なお、高圧電線付近での作業等、感電災害のリスクが高い場合は、作業主任者、作業指揮者等の指示に基づき、**表4-1**～**表4-2**の充電部からの離隔距離を保つとともに電気用ゴム手袋、電気用長靴、電気用（絶縁用）保護帽等、絶縁用保護具を使用して作業する。

②　自分の判断だけで、高圧電線等への絶縁用防護具の装着を行わない。

③　充電部の露出等、感電のリスクが生じた場合は、近寄らず上司に報告する。

④　電動工具等の配線がある場合は、ケーブルガード等で養生し、かつ、足場機材等で配線等を損傷させないように注意する。

⑤　発汗の多い夏場や濡れやすい雨の日は感電防止に特段の注意を払う。

4．保護帽の使用方法および保守点検の方法

　保護帽には、墜落などによる頭部の損傷を軽減するための「墜落時保護用」と、飛来物や落下物による危険から頭部を保護するための「飛来・落下物用」などの種類があり、これら両機能を備えた保護帽もあります。高所作業においては、両機能を備えた保護帽の着用が望ましく、少なくとも墜落時保護用保護帽を必ず着用しなければなりません。留意点は以下のとおりです。

①　保護帽は、厚生労働大臣が定める規格に適合し、型式検定合格ラベルのついたものを使用する。

②　保護帽の各部を点検し、劣化や損傷のあるものは使用しないこと。なお、保護帽の材質と特性、および交換時期の目安は**表4-3**、**図4-7**のとおり。

③　保護帽は、頭部背面にあるヘッドバンドで長さを調節するとともに、あごひもをしっかり締め、作業中にぐらつかないようにする（**図4-8**）。

表4-3　保護帽の材質と特性

材　質	耐熱性	耐候性	耐電性	耐有機溶剤性	交換時期（目安）
FRP樹脂製	◎	◎	×	○	使用開始から5年以内(注)
ABS樹脂製	△	△	◎	×	使用開始から3年以内(注)
PC樹脂製	○	○	◎	×	
PE樹脂製	△	○	◎	◎	

◎＝特に優れている　○＝優れている　△＝やや劣る　×＝劣る
（注）ハンモック、ヘッドバンド、あごひもなどの内装については1年以内の
　　　交換を推奨。

20のチェックポイント　　　　　　　下記のような保護帽及び付属品は性能が低下していますので、使用しないでください。

■帽体（FRP製帽体／ABS、PC、PE等の熱可塑性樹脂性帽体）

①
亀裂ひび、カケ等が認められるもの

②
衝撃の跡が認められるもの
（損傷、ひび、白化、変形など）

③
すりきずが多いもの

④
汚れ等の付着物が著しいもの

⑤
使用者が改造したもの

⑥
ガラス繊維が浮き出しているもの（FRP製）

⑦
内装取付鋲等が欠損したもの

⑧
著しい変色および光沢がなくなったもの

⑨
取り付け部（ブラケット、フック等に異常があるもの

⑩
変形しているもの

一度でも衝撃を受けたものや、改造されたものは、外観に異常がなくても性能が低下していますので、使用しないでください。

■着装体・あごひも

⑪
使用者が改造したもの

⑫
ハンモックが伸びまたは著しく汚れているもの

⑬
縫い目がほつれているもの

⑭
ヘッドバンドが損傷しているもの

⑮
著しく汚れているもの

⑯
あごひもが損傷しまたは著しく汚れているもの

⑰
ハンモックが損傷しているもの

■衝撃吸収ライナー（墜落時保護用のみ）

⑱
変形しているもの

⑲
著しく汚れているもの

⑳
きず、割れが著しいもの

※イラストは異常な状態を分かりやすくするために誇張して表現してあります。

（出典　一般社団法人日本ヘルメット工業会）

図4-7　保護帽の20のチェックポイント

1. 外れないように深くかぶる

2. 頭の大きさに合わせてヘッドバンドを調節する

3. 緩みがないようにあごひもをしっかり締める

図4-8　保護帽の正しい着用方法

なお、あごひもが動くものは墜落時に脱げやすいので、あごひもが耳ひもに縫い付けられているなど固定されているものを選ぶこと。

5．事故発生時の措置（On Site Rescue）

⑴　墜落災害時の措置

　万が一、作業中に墜落してしまった場合、たとえ地面への激突は避けられたとしても、可能な限り早急に救助を行うことが必要です。

　被災者は墜落制止時に大きな衝撃力を受けることとなりますし、さらには墜落制止前に構造物や資材等に接触したりすることによって、人体への悪影響の発生も懸念されるためです。またフルハーネス型を適切に装着していても、腿ベルトの食い込み等により下肢の血管や神経を圧迫し、血液循環に異常を来たして意識障害や視覚障害、血栓の発生などの症状が現れる可能性が指摘されています。

　そのため墜落災害が発生し宙づりとなった場合、まずは発見次第速やかに消防署に通報し救助要請をすることが大切です。そのうえで救助車両が一刻も早く現場に到着できるよう通路を確保するなどの対応を行います。

　また、被災者にはっきりとした意識があり、墜落制止時の衝撃等による傷害も発生していないなど、現場の状況等によっては、救急隊の到着前に高所作業車等を使って地上へ救出することが可能な場合があります。例えば、下記のような場合です。

- ・当該作業場所に配置された高所作業車等による救出
- ・現地に設置（または配置）されたクレーン等でゴンドラ等をつり上げて救出
- ・高所作業車の作業床から墜落し、宙づり状態となった被災者を、高所作業車の下部操作装置を使用して作業床を降下させて救出

　もちろん、これらを実行する場合、くれぐれも二次災害（救助者の墜落や、救助方法の誤りなどによる被災者のさらなる傷害の重傷化等）を起こさないようにしなければなりません。そのためには、普段から最寄りの消防署に相談等を行い、または救急救命の講習を受けるなど、墜落発生時の救助活動の方法・手順、指揮者等を取り決め、周知し、定期的に訓練を行うなど、救助方策を確立しておくことが必要です。また、事業者は労働者の同意を得て個人情報を扱う必要がありますが、被災者の血液型や持病の有無、処方されて

いる薬の種類などをあらかじめ記録し、救急隊に提供できるように用意しておくことも対策の一つです。

　なお、被災者を宙づり状態から地上へ救助するための器具（**図4-9**）や、被災者自身に意識がある場合に、被災者自身で応急措置を行う器具（**図4-10**）が海外において流通しており、国内でも販売されています。

　前者の器具については、二次災害を誘発しないという条件下での使用が求められます。そのため、利用の可否の判断方法や取扱い方法等について講習を受けるなど、適切な知識と技能を有する者による取扱いが求められます。

　一方、後者の器具は、非常用のストラップ一対を事前にハーネスに取り付けておくもので、宙づり状態となった際には被災者自らが2本のストラップを取り出してつなぎ、これに両足を乗せて利用することにより、救急隊が現場に到着するまでの被災者の身体的負担を軽減することが期待されるものです。転ばぬ先の杖として、このような救護用機器を現場に導入するのであれば、定期的な訓練を行い、使用方法を熟知しておきましょう。

図4-9　救出用の滑車の例

　とはいえ、このような救助を必要とする事態を引き起こさないことが肝心です。そのためにも、まずは労働者を墜落させない対策（作業床や手すりの設置、あるいは墜落危険箇所に接近できないようロープ等の取付設備を計画・設置する（レストレイントシステムの採用）等）を講じることができないか、それが困難な場合では、墜落発生時の状況を事前に想定し、被災者が墜落制止に至るまでに構造物や資材等に接触しないように作業現場を計画・管理するなど、計画段階から慎重に作業方法を検討することが大切です。

⑵　救急処置

　墜落災害の被災者はもちろん、熱中症や脳・心臓疾患などで倒れてしまった労働者には、救急処置が必要になる場合があります。適切な救急処置により救命率は格段にあがります。119番通報に

図4-10　非常用のストラップの例

第4章

より、その場で通信指令員から指導を受けることもできますが、消防署等が実施する救命講習をあらかじめ受講しておくようにしましょう。

救急処置の主な手順は以下のとおりです（**図4-11**）。

① 周囲の安全を確認する。

② 傷病者の肩を軽く叩く、大声で呼びかけるなどして、何らかの返答や目的のあるしぐさなど反応があるかどうかを確かめる。

③ 反応がない場合、大声で応援を呼ぶ。駆けつけた人に119番通報と、近くにあればAED（Automated External Defibrillator、自動体外式除細動器）の手配を依頼する。周囲に人がいない場合は自分で行う。

④ 傷病者の呼吸の有無を10秒以内で確認する。呼吸がなかったり、しゃくりあげるような異常な呼吸（死戦期呼吸）に陥っている場合は心停止と判断し、胸骨圧迫・人工呼吸・AEDによる除細動の一次救命措置（心肺蘇生）を開始する。

⑤ まず胸骨圧迫を開始する。傷病者の胸の真ん中に自分の両手のひらを重ね、1分間の100〜120回のペースで、約5cm沈み込むように強く圧迫し、十分に圧迫を解除する。これを強く・速く・絶え間なく繰り返す。

⑥ 技術と意思があれば、傷病者の気道を確保して、口対口人工呼吸を行う（胸骨圧迫だけでも可）。この場合、胸骨圧迫30回と人工呼吸2回を交互に行うが、その間の中断は最低限にする。

⑦ AEDが到着したら速やかに使用する。AEDは心電図解析を行い電気ショックにより心室細動を取り除く救命機器で、電源を入れると必要な手順が音声メッセージで指示されるので、手早く実施する。電気ショックが終了したら、間をおかずに胸骨圧迫を再開する。

⑧ 胸骨圧迫や人工呼吸は、傷病者が声をあげたり、呼吸を始めたり、嫌がるなど何らかの目的のある仕草が見られるまで続ける。救急隊員が到着しても、指示のあるまでは継続する。

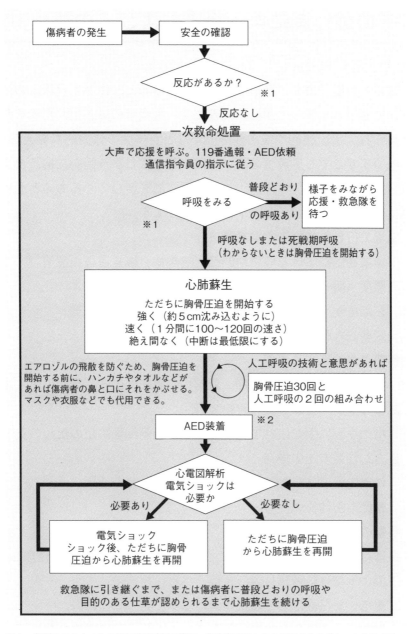

※1 新型コロナウイルス流行時は確認の際に、傷病者の顔とあまり近づきすぎないようにする。
※2 新型コロナウイルス感染症の疑いがある傷病者へは、人工呼吸を実施しない（新型コロナウイルス流行時）。
※ 胸骨圧迫のみの場合を含め心肺蘇生はエアロゾル（ウイルスなどを含む微粒子が浮遊した空気）を発生させる可能性があるため、新型コロナウイルス感染症が流行している状況においては、すべての心停止傷病者に感染の疑いがあるものとして対応する。
※ 成人の心停止に対しては、人工呼吸を行わずに胸骨圧迫とAEDによる電気ショックを実施する。

図4-11　一次救命処置の流れ

（出典：一般社団法人日本蘇生協議会監修「JRC蘇生ガイドライン2015」医学書院　2016年　一部改変）

6. その他作業に伴う災害およびその防止方法

(1) 転倒災害の防止

ここ数年の労働災害を、事故の型別に見てみると、休業4日以上の死傷災害のなかでもっとも多いのが転倒災害です。労働者の高齢化が拍車をかけていると見られ、平衡機能や俊敏性の低下など身体面の体力的な衰え等から、わずかなつまずきでも重篤度の高い災害に至ってしまう傾向にあります。

転倒災害防止対策は、今後、ますます重要度を増してくるものと思われます。具体的な対策を挙げると、下記のとおりです。

(ア) 職場で行われている主な対策

① 作業通路における段差や凹凸、突起物、継ぎ目等の解消。

② 照度（明るさ）の確保、手すりや滑り止めの設置。

③ 転倒危険箇所の表示等、危険の「見える化」の推進。

④ 定期的な職場点検、巡視の実施。

(イ) 作業者が注意する事項

① ４Ｓ（整理・整頓・清掃・清潔）の徹底による、床面の水・油等の除去のほか、台車等の障害物の排除。

② ポケットに手を入れて歩かないなど転倒災害防止のための安全な歩き方、作業方法の推進。

③ 作業内容に適した防滑靴やプロテクター等の活用。

④ 転倒予防体操の実行。

(ウ) 冬季の転倒防止対策

冬季は、路面の凍結や積雪などにより、特に転倒災害が増加します。以下のような点に留意しましょう。

① 凍結した路面はできるだけ避けて歩く。

② 融雪剤をまいたり、マットを敷く、別ルートを示すなど適切なルートを確保する。

③ 雪道では、足の裏全体で雪面を踏みつけるようにして小幅で歩く。

④ リュックサックの使用等で両手を空けておくなど、すぐに受身が取れる状態を作っておく。

⑤ 雪上でも滑りにくいタイプの靴を履く。

⑵ 熱中症の防止

夏季においては、屋外作業を中心に「熱中症」が発生しやすくなります。高温の室内でも同様ですが、高温多湿な環境下において、体温の調整がうまくいかず、体内の水分と塩分のバランスが崩れたり、体内の調整機能が破綻して起こる障害が熱中症です。

主な症状は、めまいや吐き気、嘔吐、頭痛、ふらつき、倦怠感、虚脱感、大量の発汗、発汗の停止、意識低下、けいれん、筋肉の硬直、失神等で、重度の場合は多臓器不全に陥り、死に至る場合もあります。

防止対策としては、規則正しい生活による体調の維持、適切な休憩、水分や塩分の補給などが代表的ですが、以下の点に留意します。

㋐ 職場で行われている主な対策

① WBGT値（暑さ指数）を測定し、その値に応じた連続作業時間・休憩の設定、休憩時間の延長、作業場所の変更等の対策の実施。

② 透湿性・通気性のよい作業服の採用。

③ 朝礼、巡視時等での健康状態の確認。

④ 高温多湿の作業場所では、直射日光・照り返しをさえぎることができる、通風・冷房設備を有する休憩場所の設置。

⑤ 氷、冷たいおしぼり、洗面設備、シャワー等、身体を適度に冷やすことのできる物、設備の用意。

⑥ 水分・塩分の補給を容易に行えるよう、スポーツドリンク等の用意。

㋑ 作業者が注意する事項

① 暑くなり始めたときや長期連休明けなどで暑さに慣れないうちは無理を控え、特に慎重に行動する。

② 作業中に身体の異常を感じたとき、他の作業者の異常を目撃したときは、すぐに周囲の上司、管理者、同僚等に通報する。

③ 水分、塩分補給のためのスポーツドリンクを、作業を始める前からこまめに補給する。

④ 休憩時は、身体を涼ませ、休めることに時間を使う。

⑤ 汗が乾きやすく、通気性のよい素材の服装を着用する。

⑥ 睡眠不足、疲労蓄積、二日酔い、食欲不振を防ぐ日常生活を心がける。

⑦ 熱中症が疑われる人がいたら、すぐに周囲の上司、管理者、同僚等に申し出る。

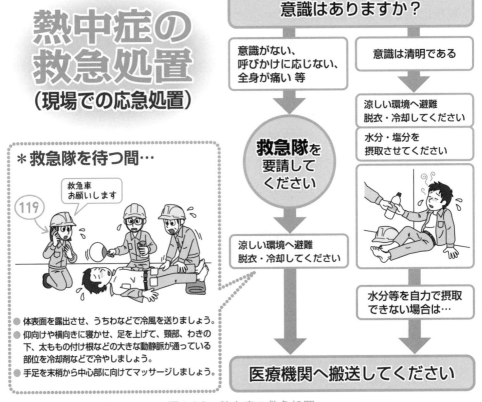

図4-12　熱中症の救急処置

㋒　熱中症が疑われる症状が現れた場合の措置

　　熱中症が疑われる症状が現れた場合には、次の救急措置に加え、必要に応じて救急車の出動を要請して、医師の診察を受けることが必要となります（**図4-12**）。

①　涼しい日陰か冷房が効いている部屋などへ移す。

②　衣服を脱がせ、氷などで首、脇の下、足の付け根などを冷やす。

③　自力で可能であれば水分・塩分を摂取させる。

第5章

関係法令

✎ 第5章のポイント

本章では、労働安全衛生法をはじめとした安全衛生法令について学びます。

○法律、政令、省令とは何かなど、関係法令を学ぶうえでの基本事項について

○労働安全衛生法のあらましについて

○労働安全衛生法施行令、労働安全衛生規則の関係条項について

1．関係法令を学ぶ前に

(1) 関係法令を学ぶ重要性

　「法令」とは、法律とそれに関係する命令（政令、省令等）の総称です。

　「労働安全衛生法」等は、過去に発生した多くの労働災害の貴重な教訓のうえに成り立っているもので、今後どのようにすればその労働災害が防げるかを具体的に示しています。そのため、労働安全衛生法等を理解し、守るということは、単に法令遵守ということだけではなく、労働災害の防止を具体的にどのようにしたらよいかを知るために重要なのです。

　もちろん、特別教育のカリキュラムの時間数では、関係法令すべての内容を詳細に説明することはできません。また、特別教育の受講者に内容すべての丸暗記を求めるものでもありません。まずは関係法令のうちの重要な関係条項について内容を確認し、作業マニュアル等、会社や現場でのルールを思い出し、それらが各種の関係法令を踏まえて作られているという関係をしっかり理解することが大切です。

　関係法令は、慣れるまでは非常に難しいと感じられることが多いのですが、今回の特別教育を良い機会と捉えて、積極的に学習に取り組んでください。

(2) 関係法令を学ぶうえで知っておくこと

(ア) 法律、政令、省令および告示／公示

　国が企業や国民にその履行、遵守を強制するものが「法律」です。しかし一般に、法律の条文だけでは、具体的に何をしなければならないかはよくわかりません。法律には、何をしなければならないか、その基本的、根本的なことのみが書かれ、それが守られないときにはどれだけの処罰を受けるかが明らかにされていますが、その対象は何か、具体的に行うべきことは何かについては書かれていないことが多いのです。それらについては、「政令」や「省令（規則）」等で明らかにされています。

　これは、法律にすべてを書くと、その時々の必要に応じて追加や修正を行おうとしたときに時間がかかるため、詳細は比較的容易に変更が可能な政令や省令に書くこととしているためです。つまり、法律を理解するには、政令、省令（規則）等を含めた「関係法令」として理解する必要があるのです。

◆法律…国会が定めるもの。国が企業や国民に履行・遵守を強制するもの。

◆政令…内閣が制定する命令。○○法施行令という名称が一般的。

◆省令…各省の大臣が制定する命令。○○法施行規則や○○規則との名称が多い。

◆告示／公示…一定の事項を法令に基づき広く知らせるためのもの。各種構造規格は告示。

(イ) 労働安全衛生法、政令および省令

　労働安全衛生法については、政令に「労働安全衛生法施行令」があり、労働安全衛生法の各条に定められた規定の適用範囲、用語の定義等を定めています。また、省令には「労働安全衛生規則」のようにすべての事業場に適用される事項の詳細等を定めるものと、特定の設備や業務等（有機溶剤の取扱い業務等）を行う事業場だけに適用される「特別規則」があります。これらのうち、労働安全衛生にかかわる法令の関係を示すと**図5-1**のとおりです。また、労働安全衛生法に係る行政機関は、**図5-2**の労働基準監督機関になります。

(ウ) 告示、通達、解釈例規

　法律、政令、省令とともに、さらに詳細な事項について具体的に定めて国民に知らせるものに「告示」や「公示」があります。各種の技術基準などは一般に告示として公表されます。

　「通達」は、法令の適正な運営のために、行政内部で発出される文書です。これには2つの種類があり、ひとつは「解釈例規」といわれるもので、行政として所管する法令の具体的判断や取扱基準を示すものです。もうひとつは、法令の施行の際の留意点や考え方等を示したもので、「施行通達」と呼ばれることもあります。通達は、番号（基発○○○○第○○号など）と年月日で区別されています。

　特別教育では、みなさんに通達レベルまでの理解を求めるものではありませんが、省令や告示／公示・通達まで突き詰めて調べていくと、現場の作業で問題となっている細かな事項まで触れられていることが多いといえます。これら労働災害防止のための膨大な情報のうえに、会社や現場のルールや作業のマニュアル等が作られていることをしっかり理解してほしいものです。

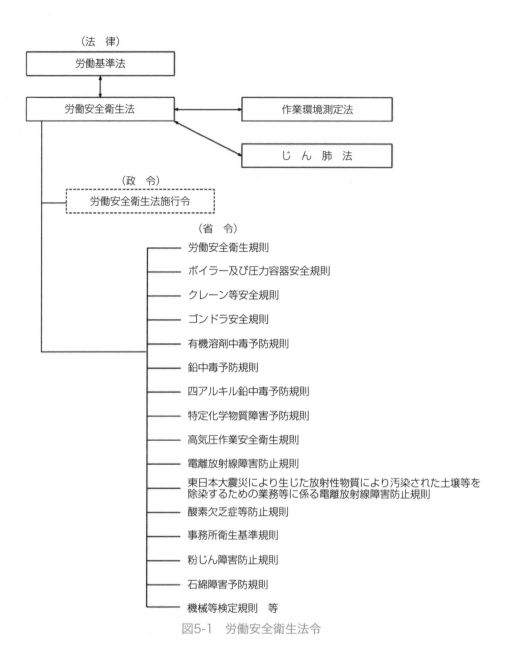

図5-1　労働安全衛生法令

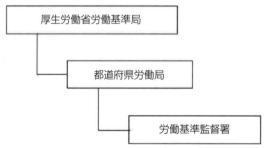

図5-2　労働基準監督機関

2. 労働安全衛生法のあらまし

労働安全衛生法（抄）

昭和47年6月8日法律第57号

最終改正：令和元年6月14日法律第37号

(1) 総則（第1条～第5条）

労働安全衛生法（安衛法）の目的、法律に出てくる用語の定義、事業者の責務、労働者の協力、事業者に関する規定の適用について定めています。

（目的）

第1条 この法律は、労働基準法（昭和22年法律第49号）と相まつて、労働災害の防止のための危害防止基準の確立、責任体制の明確化及び自主的活動の促進の措置を講ずる等その防止に関する総合的計画的な対策を推進することにより職場における労働者の安全と健康を確保するとともに、快適な職場環境の形成を促進することを目的とする。

安衛法は、昭和47年に従来の労働基準法（労基法）の第5章、すなわち労働条件のひとつである「安全及び衛生」を分離独立させて制定されました。第1条は、労基法の賃金、労働時間、休日などの一般的労働条件が労働災害と密接な関係があるため、安衛法と労基法は一体的な運用が図られる必要があることを明確にしながら、労働災害防止の目的を宣言したものです。

【労働基準法】

第42条 労働者の安全及び衛生に関しては、労働安全衛生法（昭和47年法律第57号）の定めるところによる。

（定義）

第2条 この法律において、次の各号に掲げる用語の意義は、それぞれ当該各号に定めるところによる。

1 労働災害 労働者の就業に係る建設物、設備、原材料、ガス、蒸気、粉じん等により、又は作業行動その他業務に起因して、労働者が負傷し、疾病にかかり、又は死亡することをいう。

2 労働者 労働基準法第9条に規定する労働者（同居の親族のみを使用する事業又は事務所に使用される者及び家事使用人を除く。）をいう。

3 事業者 事業を行う者で、労働者を使用するものをいう。

3の2～4 略

安衛法の「労働者」の定義は、労基法と同じです。職業の種類を問わず、事業または事業所に使用されるもので、賃金を支払われる者を指します。

　労基法は「使用者」を「事業主又は事業の経営担当者その他その事業の労働者に関する事項について、事業主のために行為をするすべての者をいう。」（第10条）と定義しているのに対し、安衛法の「事業者」は、「事業を行う者で、労働者を使用するものをいう。」とし、労働災害防止に関する企業経営者の責務をより明確にしています。

（事業者等の責務）
第3条　事業者は、単にこの法律で定める労働災害の防止のための最低基準を守るだけでなく、快適な職場環境の実現と労働条件の改善を通じて職場における労働者の安全と健康を確保するようにしなければならない。また、事業者は、国が実施する労働災害の防止に関する施策に協力するようにしなければならない。

②　機械、器具その他の設備を設計し、製造し、若しくは輸入する者、原材料を製造し、若しくは輸入する者又は建設物を建設し、若しくは設計する者は、これらの物の設計、製造、輸入又は建設に際して、これらの物が使用されることによる労働災害の発生の防止に資するように努めなければならない。

③　建設工事の注文者等仕事を他人に請け負わせる者は、施工方法、工期等について、安全で衛生的な作業の遂行をそこなうおそれのある条件を附さないように配慮しなければならない。

　第1項は、第2条で定義された「事業者」、すなわち「事業を行う者で、労働者を使用するもの」の責務として、自社の労働者について法定の最低基準を遵守するだけでなく、積極的に労働者の安全と健康を確保する施策を講ずべきことを規定し、第2項は、製造した機械、輸入した機械、建設物等について、それぞれの者に、それらを使用することによる労働災害防止の努力義務を課しています。さらに第3項は、建設工事の注文者等に施工方法や工期等で安全や衛生に配慮した条件で発注することを求めたものです。

第4条　労働者は、労働災害を防止するため必要な事項を守るほか、事業者その他の関係者が実施する労働災害の防止に関する措置に協力するように努めなければならない。

　第4条では、当然のこととして、労働者もそれぞれの立場で労働災害の発生の防止のために必要な事項を守るほか、作業主任者の指揮に従う、保護具の使用を命じられた場合には使用する、等を守らなければならないことを定めています。

⑵ 労働災害防止計画（第6条〜第9条）

労働災害の防止に関する総合的な対策を図るために、厚生労働大臣が策定する「労働災害防止計画」の策定等について定めています。

⑶ 安全衛生管理体制（第10条〜第19条の3）

労働災害防止のための責任体制の明確化および自主的活動の促進のための管理体制として、①総括安全衛生管理者、②安全管理者、③衛生管理者（衛生工学衛生管理者を含む）、④安全衛生推進者等（衛生推進者を含む）、⑤産業医、⑥作業主任者、があり、安全衛生に関する調査審議機関として、安全委員会および衛生委員会ならびに安全衛生委員会があります。

また、建設業などの下請け混在作業関係の管理体制として①特定元方事業者、②統括安全衛生責任者、③安全衛生責任者、について定めています。

⑷ 労働者の危険又は健康障害を防止するための措置（第20条〜第36条）

労働災害防止の基礎となる、いわゆる危害防止基準を定めたもので、①事業者の講ずべき措置、②厚生労働大臣による技術上の指針の公表、③元方事業者の講ずべき措置、④注文者の講ずべき措置、⑤機械等貸与者等の講ずべき措置、⑥建築物貸与者の講ずべき措置、⑦重量物の重量表示、等が定められています。

㈎ 事業者の講ずべき措置等

（事業者の講ずべき措置等）
第20条 事業者は、次の危険を防止するため必要な措置を講じなければならない。
1 機械、器具その他の設備（以下「機械等」という。）による危険
2 爆発性の物、発火性の物、引火性の物等による危険
3 電気、熱その他のエネルギーによる危険
第21条 事業者は、掘削、採石、荷役、伐木等の業務における作業方法から生ずる危険を防止するため必要な措置を講じなければならない。
② 事業者は、労働者が墜落するおそれのある場所、土砂等が崩壊するおそれのある場所等に係る危険を防止するため必要な措置を講じなければならない。
第22条 事業者は、次の健康障害を防止するため必要な措置を講じなければならない。
1 原材料、ガス、蒸気、粉じん、酸素欠乏空気、病原体等による健康障害
2 放射線、高温、低温、超音波、騒音、振動、異常気圧等による健康障害
3 計器監視、精密工作等の作業による健康障害
4 排気、排液又は残さい物による健康障害

> **第23条** 事業者は、労働者を就業させる建設物その他の作業場について、通路、床面、階段等の保全並びに換気、採光、照明、保温、防湿、休養、避難及び清潔に必要な措置その他労働者の健康、風紀及び生命の保持のため必要な措置を講じなければならない。
>
> **第24条** 事業者は、労働者の作業行動から生ずる労働災害を防止するため必要な措置を講じなければならない。
>
> **第25条** 事業者は、労働災害発生の急迫した危険があるときは、直ちに作業を中止し、労働者を作業場から退避させる等必要な措置を講じなければならない。
>
> **第26条** 労働者は、事業者が第20条から第25条まで及び前条第1項の規定に基づき講ずる措置に応じて、必要な事項を守らなければならない。

　労働災害を防止するための一般的規制として、事業者の講ずべき措置が定められています。

㈠　事業者の行うべき調査等（リスクアセスメント）

> （事業者の行うべき調査等）
>
> **第28条の2** 事業者は、厚生労働省令で定めるところにより、建設物、設備、原材料、ガス、蒸気、粉じん等による、又は作業行動その他業務に起因する危険性又は有害性等（第57条第1項の政令で定める物及び第57条の2第1項に規定する通知対象物による危険性又は有害性等を除く。）を調査し、その結果に基づいて、この法律又はこれに基づく命令の規定による措置を講ずるほか、労働者の危険又は健康障害を防止するため必要な措置を講ずるように努めなければならない。ただし、当該調査のうち、化学物質、化学物質を含有する製剤その他の物で労働者の危険又は健康障害を生ずるおそれのあるものに係るもの以外のものについては、製造業その他厚生労働省令で定める業種に属する事業者に限る。
>
> ②　厚生労働大臣は、前条第1項及び第3項に定めるもののほか、前項の措置に関して、その適切かつ有効な実施を図るため必要な指針を公表するものとする。
>
> ③　厚生労働大臣は、前項の指針に従い、事業者又はその団体に対し、必要な指導、援助等を行うことができる。

　事業者は、建設物、設備、原材料、ガス、蒸気、粉じん等による、または作業行動その他業務に起因する危険性または有害性等を調査し、その結果に基づいて、法令上の措置を講ずるほか、労働者の危険または健康障害を防止するため必要な措置を講ずるように努めなければなりません。

　第28条の2に定められた作業の危険性または有害性の調査（リスクアセスメント）を実施し、その結果に基づいて労働者への危険または健康障害を防止するための必要な措置を講ずることは、安全衛生管理を進めるうえで今日的な重要事項となっています。

⑸ 機械等並びに危険物及び有害物に関する規制（第37条～第58条）

㋐ 譲渡等の制限等

> （譲渡等の制限等）
> **第42条**　特定機械等以外の機械等で、別表第2に掲げるものその他危険若しくは有害な作業を必要とするもの、危険な場所において使用するもの又は危険若しくは健康障害を防止するため使用するもののうち、政令で定めるものは、厚生労働大臣が定める規格又は安全装置を具備しなければ、譲渡し、貸与し、又は設置してはならない。
> **別表第2（第42条関係）**
> 　1～14　略
> 　15　保護帽
> 　16　略

　機械、器具その他の設備による危険から労働災害を防止するためには、製造、流通段階において一定の基準により規制することが重要となります。そこで安衛法では、危険もしくは有害な作業を必要とするもの、危険な場所において使用するものまたは危険または健康障害を防止するため使用するもののうち一定のものは、厚生労働大臣の定める規格または安全装置を具備しなければ譲渡し、貸与し、または設置してはならないこととなっています。

㋑ 型式検定

> （型式検定）
> **第44条の2**　第42条の機械等のうち、別表第4に掲げる機械等で政令で定めるものを製造し、又は輸入した者は、厚生労働省令で定めるところにより、厚生労働大臣の登録を受けた者（以下「登録型式検定機関」という。）が行う当該機械等の型式についての検定を受けなければならない。ただし、当該機械等のうち輸入された機械等で、その型式について次項の検定が行われた機械等に該当するものは、この限りでない。
> ②　以下略
> **別表第4（第44条の2関係）**
> 　1～11　略
> 　12　保護帽
> 　13　略

　上記㋐の機械等のうち、さらに一定のものについては個別検定または型式検定を受けなければならないこととされています。

㈦　定期自主検査

（定期自主検査）
第45条　事業者は、ボイラーその他の機械等で、政令で定めるものについて、厚生労働省令で定めるところにより、定期に自主検査を行ない、及びその結果を記録しておかなければならない。
② 　事業者は、前項の機械等で政令で定めるものについて同項の規定による自主検査のうち厚生労働省令で定める自主検査（以下「特定自主検査」という。）を行うときは、その使用する労働者で厚生労働省令で定める資格を有するもの又は第54条の３第１項に規定する登録を受け、他人の求めに応じて当該機械等について特定自主検査を行う者（以下「検査業者」という。）に実施させなければならない。
③ 　厚生労働大臣は、第１項の規定による自主検査の適切かつ有効な実施を図るため必要な自主検査指針を公表するものとする。
④ 　厚生労働大臣は、前項の自主検査指針を公表した場合において必要があると認めるときは、事業者若しくは検査業者又はこれらの団体に対し、当該自主検査指針に関し必要な指導等を行うことができる。

　一定の機械等について、使用開始後一定の期間ごとに、所定の機能を維持していることを確認するために検査を行わなければならないこととされています。

⑹　労働者の就業に当たつての措置（第59条〜第63条）

（安全衛生教育）
第59条　事業者は、労働者を雇い入れたときは、当該労働者に対し、厚生労働省令で定めるところにより、その従事する業務に関する安全又は衛生のための教育を行なわなければならない。
② 　前項の規定は、労働者の作業内容を変更したときについて準用する。
③ 　事業者は、危険又は有害な業務で、厚生労働省令で定めるものに労働者をつかせるときは、厚生労働省令で定めるところにより、当該業務に関する安全又は衛生のための特別の教育を行なわなければならない。
第60条　事業者は、その事業場の業種が政令で定めるものに該当するときは、新たに職務につくこととなつた職長その他の作業中の労働者を直接指導又は監督する者（作業主任者を除く。）に対し、次の事項について、厚生労働省令で定めるところにより、安全又は衛生のための教育を行なわなければならない。
　１ 　作業方法の決定及び労働者の配置に関すること。
　２ 　労働者に対する指導又は監督の方法に関すること。
　３ 　前二号に掲げるもののほか、労働災害を防止するため必要な事項で、厚生労働省令で定めるもの

> **第60条の2**　事業者は、前二条に定めるもののほか、その事業場における安全衛生の水準の向上を図るため、危険又は有害な業務に現に就いている者に対し、その従事する業務に関する安全又は衛生のための教育を行うように努めなければならない。
> ②　厚生労働大臣は、前項の教育の適切かつ有効な実施を図るため必要な指針を公表するものとする。
> ③　厚生労働大臣は、前項の指針に従い、事業者又はその団体に対し、必要な指導等を行うことができる。

　労働災害を防止するためには、作業に就く労働者に対する安全衛生教育の徹底等もきわめて重要です。このような観点から安衛法では、新規雇入れ時のほか、作業内容変更時においても安全衛生教育を行うべきことを定め、また、危険有害業務に従事する者に対する安全衛生特別教育や、職長その他の現場監督者に対する安全衛生教育についても規定しています。

⑺　健康の保持増進のための措置（第64条〜第71条）

　労働者の健康の保持増進のため、作業環境測定や健康診断、面接指導等の実施について定めています。

⑻　快適な職場環境の形成のための措置（第71条の2〜第71条の4）

　労働者がその生活時間の多くを過ごす職場は、疲労やストレスを感じることが少ない快適な職場環境を形成する必要があります。安衛法では、事業者が講ずる措置について規定するとともに、国は、快適な職場環境の形成のための指針を公表しています。

⑼　免許等（第72条〜第77条）

> （免許）
> **第72条**　第12条第1項、第14条又は第61条第1項の免許（以下「免許」という。）は、第75条第1項の免許試験に合格した者その他厚生労働省令で定める資格を有する者に対し、免許証を交付して行う。
> ②〜④　略
> （技能講習）
> **第76条**　第14条又は第61条第1項の技能講習（以下「技能講習」という。）は、別表第18に掲げる区分ごとに、学科講習又は実技講習によつて行う。

② 技能講習を行なつた者は、当該技能講習を修了した者に対し、厚生労働省令で定めるところにより、技能講習修了証を交付しなければならない。
③ 略
別表第18（第76条関係、抜粋）
9 足場の組立て等作業主任者技能講習
35 高所作業車運転技能講習

危険・有害業務であり、労働災害を防止するために管理を必要とする作業について選任を義務付けられている作業主任者や特殊な業務に就く者に必要とされる資格、技能講習、試験等についての規定がなされています。

⑽ 事業場の安全又は衛生に関する改善措置等（第78条〜第87条）

労働災害の防止を図るため、総合的な改善措置を講ずる必要がある事業場については、都道府県労働局長が安全衛生改善計画の作成を指示し、その自主的活動によって安全衛生状態の改善を進めることが制度化されており、そうした際に企業外の民間有識者の安全および労働衛生についての知識を活用し、企業における安全衛生についての診断や指導に対する需要に応じるため、労働安全・労働衛生コンサルタント制度が設けられています。

なお、平成26年の安衛法改正で、一定期間内に重大な労働災害を複数の事業場で繰返し発生させた企業に対し、厚生労働大臣が特別安全衛生改善計画の策定を指示することができる制度が創設されました。企業が計画の作成指示や変更指示に従わない場合や計画を実施しない場合には、厚生労働大臣が当該事業者に勧告を行い、勧告に従わない場合は企業名を公表する仕組みとなっています。

⑾ 監督等、雑則および罰則（第88条〜第123条）

安衛法は、その厳正な運用を担保するため、違反に対する罰則について12カ条の規定を置いています（第115条の３、第115条の４、第115条の５、第116条、第117条、第118条、第119条、第120条、第121条、第122条、第122条の２、第123条）。

また、同法は事業者責任主義を採用し、その第122条で「両罰規定」を設けて、各条が定めた措置義務者（事業者）のほかに、法人の代表者、法人または人の代理人、使用人その他の従事者がその法人または人の業務に関して、それぞれの違反行為をしたときの従事者が実行行為者等として罰されるほ

か、その法人または人に対しても、各本条に定める罰金刑を科すこととされています。

　なお、安衛法第20条から第25条に規定される事業者の講じた危害防止措置または救護措置等に関しては、第26条により労働者は遵守義務を負っており、これに違反した場合も罰金刑が科せられますので、心しておきましょう。

3. 労働安全衛生法施行令（抄）

昭和47年8月19日政令第318号

最終改正：令和2年12月2日政令第340号

（厚生労働大臣が定める規格又は安全装置を具備すべき機械等）

第13条　①、②　略

③　法第42条の政令で定める機械等は、次に掲げる機械等（本邦の地域内で使用されないことが明らかな場合を除く。）とする。

　1〜27　略

　28　墜落制止用器具

　29〜33　略

　34　作業床の高さが2メートル以上の高所作業車

④　略

⑤　次の表の上欄（編注・左欄）に掲げる機械等には、それぞれ同表の下欄（編注・右欄）に掲げる機械等を含まないものとする。

略	略
法別表第2第15号に掲げる保護帽	物体の飛来若しくは落下又は墜落による危険を防止するためのもの以外の保護帽

解　説

---

①　安全帯に関するISO規格において「一本つり」の安全帯を指す用語として「フォールアレスト・システム(fall-arrest systems)」という用語が用いられているところ、和訳すると高所から墜落してしまった場合に、地面等に激突する前に墜落をおさえとどめるという意味であることから、「墜落制止」とし、また、「墜落を制止するために用いる器具」であるため、その名称は「墜落制止用器具」としたものであること。

②　かつて、欧州諸国の規格等においては、「インダストリアル・セーフティベルト(industrial safety belt)」という用語が使用されていたが、ISO規格では、フルハーネス型を前提としているため、「セーフティベルト」という用語は使用されておらず、また、現行の諸外国の法令等においても、ほとんど使用されていない。我が国においても、今回の改正により、今後、フルハーネス型を原則としていく趣旨であることから、国際的な動向を踏まえ、「安全帯」という用語は用いなかったものであること。

（平30.6.22基発0622第1号）

（型式検定を受けるべき機械等）

第14条の2　法第44条の2第1項の政令で定める機械等は、次に掲げる機械等（本邦の地域内で使用されないことが明らかな場合を除く。）とする。

　1〜11　略

　12　保護帽（物体の飛来若しくは落下又は墜落による危険を防止するためのものに限る。）

　13　略

（職長等の教育を行うべき業種）

第19条　法第60条の政令で定める業種は、次のとおりとする。

　1　建設業

　2　製造業（ただし書き　略）

　3　電気業

　4　ガス業

　5　自動車整備業

　6　機械修理業

（就業制限に係る業務）

第20条　法第61条第1項の政令で定める業務は、次のとおりとする。

　1〜14　略

　15　作業床の高さが10メートル以上の高所作業車の運転（道路上を走行させる運転を除く。）の業務

　16　略

4. 労働安全衛生規則（抄）

昭和47年９月30日労働省令第32号

最終改正：令和３年３月22日厚生労働省令第53号

第１編　通　則
第３章　機械等並びに危険物及び有害物に関する規制
第１節　機械等に関する規制

（規格に適合した機械等の使用）

第27条　事業者は、法別表第２に掲げる機械等及び令第13条第３項各号に掲げる機械等については、法第42条の厚生労働大臣が定める規格又は安全装置を具備したものでなければ、使用してはならない。

関連政令

安衛令
　（厚生労働大臣が定める規格又は安全装置を具備すべき機械等）
第13条（抜粋）
③　法第42条の政令で定める機械等は、次に掲げる機械等（本邦の地域内で使用されないことが明らかな場合を除く。）とする。
28　墜落制止用器具
34　作業床の高さが２メートル以上の高所作業車

（安全装置等の有効保持）

第28条　事業者は、法及びこれに基づく命令により設けた安全装置、覆^{おお}い、囲い等（以下「安全装置等」という。）が有効な状態で使用されるようそれらの点検及び整備を行なわなければならない。

第29条　労働者は、安全装置等について、次の事項を守らなければならない。

1　安全装置等を取りはずし、又はその機能を失わせないこと。

2　臨時に安全装置等を取りはずし、又はその機能を失わせる必要があるときは、あらかじめ、事業者の許可を受けること。

3　前号の許可を受けて安全装置等を取りはずし、又はその機能を失わせたときは、その必要がなくなつた後、直ちにこれを原状に復しておくこと。

4　安全装置等が取りはずされ、又はその機能を失つたことを発見したときは、すみやかに、その旨を事業者に申し出ること。

② 事業者は、労働者から前項第4号の規定による申出があつたときは、すみやかに、適当な措置を講じなければならない。

第4章　安全衛生教育

（特別教育を必要とする業務）

第36条　法第59条第3項の厚生労働省令で定める危険又は有害な業務は、次のとおりとする。

　1〜38　略

　39　足場の組立て、解体又は変更の作業に係る業務（地上又は堅固な床上における補助作業の業務を除く。）

　40　高さが2メートル以上の箇所であつて作業床を設けることが困難なところにおいて、昇降器具（労働者自らの操作により上昇し、又は下降するための器具であつて、作業箇所の上方にある支持物にロープを緊結してつり下げ、当該ロープに労働者の身体を保持するための器具（第539条の2及び第539条の3において「身体保持器具」という。）を取り付けたものをいう。）を用いて、労働者が当該昇降器具により身体を保持しつつ行う作業（40度未満の斜面における作業を除く。以下「ロープ高所作業」という。）に係る業務

　41　高さが2メートル以上の箇所であつて作業床を設けることが困難なところにおいて、墜落制止用器具（令第13条第3項第28号の墜落制止用器具をいう。第130条の5第1項において同じ。）のうちフルハーネス型のものを用いて行う作業に係る業務（前号に掲げる業務を除く。）

解　説

---

① 本条は、墜落災害においては、安全帯を着用しているが使用していなかった事例や、安全帯を使用していてもその使用方法が適切でなかった事例が多数あることを踏まえ、フルハーネス型の墜落制止用器具を用いて作業を行う労働者に対する教育を強化する趣旨であること。

② 本条で規定する業務は、作業床の設置が困難な場所での作業は、他の高所作業と比較して墜落の危険性が高いこと、フルハーネス型は胴ベルト型と比較して適切な着用や使用が難しいこと等を踏まえて規定されたものであること。

（平30.6.22基発0622第1号）

（特別教育の科目の省略）

第37条　事業者は、法第59条第3項の特別の教育（以下「特別教育」という。）

の科目の全部又は一部について十分な知識及び技能を有していると認められる労働者については、当該科目についての特別教育を省略することができる。

解　説

【問】本条により特別教育の科目の省略が認められる者は、具体的にどのような者か。

【答】当該業務に関連し上級の資格（技能免許または技能講習修了）を有する者、他の事業場において当該業務に関し、すでに特別の教育を受けた者、当該業務に関し、職業訓練を受けた者等がこれに該当する。

（昭48.3.19基発第145号）

①　適用日時点において、高さが２メートル以上の箇所で作業床を設けることが困難なところにおけるフルハーネス型の安全帯を用いて行う作業に６月以上従事した経験を有する者については、改正後の特別教育規程第24条第２項及び第３項に規定する科目のうち「作業に関する知識」、「墜落制止用器具（フルハーネス型のものに限る。以下この条において同じ。）に関する知識」及び「墜落制止用器具の使用方法等」の科目を省略することができること。

②　適用日時点において、高さが２メート

ル以上の箇所で作業床を設けることが困難なところにおける胴ベルト型の安全帯を用いて行う作業に６月以上従事した経験を有する者については、改正後の特別教育規程第24条第２項に規定する科目のうち「作業に関する知識」の科目を省略することができること。

③　特別教育規程第22条に定める足場の組み立て等の業務に係る特別教育又は特別教育規程第23条に定めるロープ高所作業に係る業務に係る特別教育を受けた者については、改正後の特別教育規程第24条第２項に規定する科目のうち「労働災害の防止に関する知識」を省略できること。

④　改正省令公布後施行日より前に、改正後の特別教育規程第24条第２項及び第３項に規定する特別教育（編注：墜落制止用器具を用いて行う作業に係る特別教育）の全部又は一部の科目を受講した者については、当該受講した科目を省略できること。

（平30.6.22基発0622第１号）

（特別教育の記録の保存）

第38条　事業者は、特別教育を行なつたときは、当該特別教育の受講者、科目等の記録を作成して、これを３年間保存しておかなければならない。

（特別教育の細目）

第39条　前二条及び第592条の７に定めるもののほか、第36条第１号から第13号まで、第27号、第30号から第36号まで及び第39号から第41号までに掲げる業務に係る特別教育の実施について必要な事項は、厚生労働大臣が定める。

第5章　就業制限

（就業制限についての資格）

第41条　法第61条第1項に規定する業務につくことができる者は、別表第3の上欄（編注・左欄）に掲げる業務の区分に応じて、それぞれ、同表の下欄（編注・右欄）に掲げる者とする。

別表第3（第41条関係）（抄）

令第20条第15号の業務	1　高所作業車運転技能講習を修了した者 2　その他厚生労働大臣が定める者

第2編　安全基準
第1章　機械による危険の防止
第3節の2　食品加工用機械

（粉砕機等への転落等における危険の防止）

第130条の5　事業者は、食品加工用粉砕機又は食品加工用混合機の開口部から転落することにより労働者に危険が生ずるおそれのあるときは、蓋、囲い、高さが90センチメートル以上の柵等を設けなければならない。ただし、蓋、囲い、柵等を設けることが作業の性質上困難な場合において、墜落による危険のおそれに応じた性能を有する墜落制止用器具（以下「要求性能墜落制止用器具」という。）を使用させる等転落の危険を防止するための措置を講じたときは、この限りでない。

②　略

③　労働者は、第1項ただし書の場合において、要求性能墜落制止用器具その他の命綱（以下「要求性能墜落制止用器具等」という。）の使用を命じられたときは、これを使用しなければならない。

───────────── 解　説 ─────────────

①　墜落制止用器具に「墜落による危険のおそれに応じた性能」を求める規定は、フルハーネス型を原則とすべきであるが、フルハーネス型墜落制止用器具の着用者が墜落時に地面に到達するおそれのある場合等の対応として、胴ベルト型の使用を認める等の趣旨から、定められたものであること。

②　「安全帯の規格」（平成14年厚生労働

省告示第38号）は改正され「墜落制止用器具の規格」（平成31年厚生労働省告示第11号）となり、「墜落による危険のおそれに応じた性能」について、6.75メートルを超える箇所で使用する墜落制止用器具はフルハーネス型であること、墜落制止用器具は着用者の体重及びその装備品の質量の合計に耐えるものであること及びショックアブソーバを備えたラ

ンヤードについては、当該ショックアブ
ソーバの種別が取付設備の作業箇所から
の高さ等に応じたものであること等が定

められた。

（平30.6.22基発0622第1号、平31.1.25
基発0125第2号）

第6節　粉砕機及び混合機

（転落等の危険の防止）

第142条　事業者は、粉砕機又は混合機（第130条の5第1項の機械を除く。）の開口部から転落することにより労働者に危険が生ずるおそれのあるときは、蓋、囲い、高さが90センチメートル以上の柵等を設けなければならない。ただし、蓋、囲い、柵等を設けることが作業の性質上困難な場合において、要求性能墜落制止用器具を使用させる等転落の危険を防止するための措置を講じたときは、この限りでない。

②　略

③　労働者は、第1項ただし書の場合において、要求性能墜落制止用器具等の使用を命じられたときは、これを使用しなければならない。

第2章　建設機械等
第2節の3　高所作業車

（要求性能墜落制止用器具等の使用）

第194条の22　事業者は、高所作業車（作業床が接地面に対し垂直にのみ上昇し、又は下降する構造のものを除く。）を用いて作業を行うときは、当該高所作業車の作業床上の労働者に要求性能墜落制止用器具等を使用させなければならない。

②　前項の労働者は、要求性能墜落制止用器具等を使用しなければならない。

第3章　型わく支保工
第2節　組立て等の場合の措置

（型枠支保工の組立て等作業主任者の職務）

第247条　事業者は、型枠支保工の組立て等作業主任者に、次の事項を行わせなければならない。

1～2　略

3　作業中、要求性能墜落制止用器具等及び保護帽の使用状況を監視すること。

第6章　掘削作業等における危険の防止

第1節　明り掘削の作業

第1款　掘削の時期及び順序等

（地山の掘削作業主任者の職務）

第360条　事業者は、地山の掘削作業主任者に、次の事項を行わせなければならない。

　1～2　略

　3　要求性能墜落制止用器具等及び保護帽の使用状況を監視すること。

（土止め支保工作業主任者の職務）

第375条　事業者は、土止め支保工作業主任者に、次の事項を行わせなければならない。

　1～2　略

　3　要求性能墜落制止用器具等及び保護帽の使用状況を監視すること。

第2節　ずい道等の建設の作業等

第1款　調査等

（ずい道等の掘削等作業主任者の職務）

第383条の3　事業者は、ずい道等の掘削等作業主任者に、次の事項を行わせなければならない。

　1～2　略

　3　器具、工具、要求性能墜落制止用器具等、保護帽及び呼吸用保護具の機能を点検し、不良品を取り除くこと。

　4　要求性能墜落制止用器具等、保護帽及び呼吸用保護具の使用状況を監視すること。

（ずい道等の覆工作業主任者の職務）

第383条の5　事業者は、ずい道等の覆工作業主任者に、次の事項を行わせなければならない。

　1　略

　2　器具、工具、要求性能墜落制止用器具等及び保護帽の機能を点検し、不良品を取り除くこと。

　3　要求性能墜落制止用器具等及び保護帽の使用状況を監視すること。

第3節　採石作業
第1款　調査、採石作業計画等
（採石のための掘削作業主任者の職務）

第404条　事業者は、採石のための掘削作業主任者に、次の事項を行わせなければならない。

　1～2　略

　3　要求性能墜落制止用器具等及び保護帽の使用状況を監視すること。

　4　略

第8章の2　建築物等の鉄骨の組立て等の作業における危険の防止
（建築物等の鉄骨の組立て等作業主任者の職務）

第517条の5　事業者は、建築物等の鉄骨の組立て等作業主任者に、次の事項を行わせなければならない。

　1　略

　2　器具、工具、要求性能墜落制止用器具等及び保護帽の機能を点検し、不良品を取り除くこと。

　3　要求性能墜落制止用器具等及び保護帽の使用状況を監視すること。

第8章の3　鋼橋架設等の作業における危険の防止
（鋼橋架設等作業主任者の職務）

第517条の9　事業者は、鋼橋架設等作業主任者に、次の事項を行わせなければならない。

　1　略

　2　器具、工具、要求性能墜落制止用器具等及び保護帽の機能を点検し、不良品を取り除くこと。

　3　要求性能墜落制止用器具等及び保護帽の使用状況を監視すること。

第8章の4　木造建築物の組立て等の作業における危険の防止
（木造建築物の組立て等作業主任者の職務）

第517条の13　事業者は、木造建築物の組立て等作業主任者に、次の事項を行わせなければならない。

　1　略

　2　器具、工具、要求性能墜落制止用器具等及び保護帽の機能を点検し、

不良品を取り除くこと。

3　要求性能墜落制止用器具等及び保護帽の使用状況を監視すること。

第8章の5　コンクリート造の工作物の解体等の作業における危険の防止

（コンクリート造の工作物の解体等作業主任者の職務）

第517条の18　事業者は、コンクリート造の工作物の解体等作業主任者に、次の事項を行わせなければならない。

1　略

2　器具、工具、要求性能墜落制止用器具等及び保護帽の機能を点検し、不良品を取り除くこと。

3　要求性能墜落制止用器具等及び保護帽の使用状況を監視すること。

第8章の6　コンクリート橋架設等の作業における危険の防止

（コンクリート橋架設等作業主任者の職務）

第517条の23　事業者は、コンクリート橋架設等作業主任者に、次の事項を行わせなければならない。

1　略

2　器具、工具、要求性能墜落制止用器具等及び保護帽の機能を点検し、不良品を取り除くこと。

3　要求性能墜落制止用器具等及び保護帽の使用状況を監視すること。

第9章　墜落、飛来崩壊等による危険の防止

第1節　墜落等による危険の防止

（作業床の設置等）

第518条　事業者は、高さが2メートル以上の箇所（作業床の端、開口部等を除く。）で作業を行なう場合において墜落により労働者に危険を及ぼすおそれのあるときは、足場を組み立てる等の方法により作業床を設けなければならない。

②　事業者は、前項の規定により作業床を設けることが困難なときは、防網を張り、労働者に要求性能墜落制止用器具を使用させる等墜落による労働者の危険を防止するための措置を講じなければならない。

① 第1項の「作業床の端、開口部等」には、物品揚卸口、ピット、たて坑又はおおむね40度以上の斜坑の坑口及びこれが他の坑道と交わる場所並びに井戸、船舶のハッチ等が含まれる。（昭44.2.5基発第59号）

② 「足場を組み立てる等の方法により作業床を設ける」には、配管、機械設備等の上に作業床を設けること等が含まれるものであること。（昭47.9.18基発第

601号の1）

③ 第2項の「労働者に要求性能墜落制止用器具を使用させる等」の「等」には、荷の上の作業等であって、労働者に墜落制止用器具を使用させることが著しく困難な場合において、墜落等による危害を防止するための保護帽を着用させる等の措置が含まれること。（昭43.6.14安発第100号、昭50.7.21基発第415号を一部改変）

第519条　事業者は、高さが2メートル以上の作業床の端、開口部等で墜落により労働者に危険を及ぼすおそれのある箇所には、囲い、手すり、覆い等（以下この条において「囲い等」という。）を設けなければならない。

②　事業者は、前項の規定により、囲い等を設けることが著しく困難なとき又は作業の必要上臨時に囲い等を取りはずすときは、防網を張り、労働者に要求性能墜落制止用器具を使用させる等墜落による労働者の危険を防止するための措置を講じなければならない。

第520条　労働者は、第518条第2項及び前条第2項の場合において、要求性能墜落制止用器具等の使用を命じられたときは、これを使用しなければならない。

（要求性能墜落制止用器具等の取付設備等）

第521条　事業者は、高さが2メートル以上の箇所で作業を行う場合において、労働者に要求性能墜落制止用器具等を使用させるときは、要求性能墜落制止用器具等を安全に取り付けるための設備等を設けなければならない。

②　事業者は、労働者に要求性能墜落制止用器具等を使用させるときは、要求性能墜落制止用器具等及びその取付け設備等の異常の有無について、随時点検しなければならない。

「要求性能墜落制止用器具等を安全に取り付けるための設備等」の「等」には、は

り、柱等がすでに設けられており、これらに墜落制止用器具等を安全に取り付けるた

めの設備として利用することができる場合が含まれること。　　（昭43.6.14安発第100号、昭50.7.21基発第415号を一部改変）

（昇降するための設備の設置等）

第526条　事業者は、高さ又は深さが1.5メートルをこえる箇所で作業を行なうときは、当該作業に従事する労働者が安全に昇降するための設備等を設けなければならない。ただし、安全に昇降するための設備等を設けることが作業の性質上著しく困難なときは、この限りでない。

②　前項の作業に従事する労働者は、同項本文の規定により安全に昇降するための設備等が設けられたときは、当該設備等を使用しなければならない。

―――――――― 解　説 ――――――――

① 「安全に昇降するための設備等」の「等」には、エレベータ、階段等がすでに設けられており労働者が容易にこれらの設備を利用し得る場合が含まれる。

② 「作業の性質上著しく困難な場合」に

は、立木等を昇降する場合があること。なお、この場合、労働者に当該立木等を安全に昇降するための用具を使用させなければならない。

（昭43.6.14安発第100号）

（移動はしご）

第527条　事業者は、移動はしごについては、次に定めるところに適合したものでなければ使用してはならない。

　1　丈夫な構造とすること。

　2　材料は、著しい損傷、腐食等がないものとすること。

　3　幅は、30センチメートル以上とすること。

　4　すべり止め装置の取付けその他転位を防止するために必要な措置を講ずること。

―――――――― 解　説 ――――――――

① 「転位を防止するために必要な措置」には、はしごの上方を建築物等に取り付けること、他の労働者がはしごの下方を支えること等の措置が含まれる。

② 移動はしごは、原則として継いで用い

ることを禁止し、やむを得ず継いで用いる場合には、次によるよう指導すること。

イ　全体の長さは9メートル以下とする。

ロ　継手が重合せ継手のときは、接続部

において1.5メートル以上を重ね合わせて2箇所以上において堅固に固定する。

ハ 継手が突合せ継手のときは1.5メートル以上の添木を用いて4箇所以上において堅固に固定する。

③ 移動はしごの踏み桟は、25センチメートル以上35センチメートル以下の間隔で、かつ、等間隔に設けられていることが望ましい。

(昭43.6.14安発第100号)

(脚立)

第528条 事業者は、脚立については、次に定めるところに適合したものでなければ使用してはならない。

1 丈夫な構造とすること。

2 材料は、著しい損傷、腐食等がないものとすること。

3 脚と水平面との角度を75度以下とし、かつ、折りたたみ式のものにあつては、脚と水平面との角度を確実に保つための金具等を備えること。

4 踏み面は、作業を安全に行なうため必要な面積を有すること。

(立入禁止)

第530条 事業者は、墜落により労働者に危険を及ぼすおそれのある箇所に関係労働者以外の労働者を立ち入らせてはならない。

(煮沸槽等への転落による危険の防止)

第533条 事業者は、労働者に作業中又は通行の際に転落することにより火傷、窒息等の危険を及ぼすおそれのある煮沸槽、ホツパー、ピツト等があるときは、当該危険を防止するため、必要な箇所に高さが75センチメートル以上の丈夫なさく等を設けなければならない。ただし、労働者に要求性能墜落制止用器具を使用させる等転落による労働者の危険を防止するための措置を講じたときは、この限りでない。

───── 解 説 ─────

① 「窒息等」の「等」には、中毒すること、機械に巻き込まれること等が含まれること。
② 「ピット等」の「等」には、砂びん等が含まれること。
③ 「労働者に要求性能墜落制止用器具等を使用させる等」の「等」には、通行中の労働者の危険な箇所への立ち入りを防止するため監視人を配置することが含まれること。
(昭43.6.14安発第100号、昭50.7.21基発第415号を一部改変)

第2節　飛来崩壊災害による危険の防止

（高所からの物体投下による危険の防止）

第536条　事業者は、３メートル以上の高所から物体を投下するときは、適当な投下設備を設け、監視人を置く等労働者の危険を防止するための措置を講じなければならない。

②　労働者は、前項の規定による措置が講じられていないときは、３メートル以上の高所から物体を投下してはならない。

（物体の落下による危険の防止）

第537条　事業者は、作業のため物体が落下することにより、労働者に危険を及ぼすおそれのあるときは、防網の設備を設け、立入区域を設定する等当該危険を防止するための措置を講じなければならない。

（物体の飛来による危険の防止）

第538条　事業者は、作業のため物体が飛来することにより労働者に危険を及ぼすおそれのあるときは、飛来防止の設備を設け、労働者に保護具を使用させる等当該危険を防止するための措置を講じなければならない。

解　説

飛来防止の設備は、物体の飛来自体を防ぐ措置を第一とし、この予防措置を設けがたい場合、もしくはこの予防措置を設けるもなお危害のおそれのある場合に、保護具を使用させること。

（昭23.5.11基発第737号、昭33.2.13基発第90号）

（保護帽の着用）

第539条　事業者は、船台の附近、高層建築場等の場所で、その上方において他の労働者が作業を行なつているところにおいて作業を行なうときは、物体の飛来又は落下による労働者の危険を防止するため、当該作業に従事する労働者に保護帽を着用させなければならない。

②　前項の作業に従事する労働者は、同項の保護帽を着用しなければならない。

解　説

第１項は、物体が飛来し、または落下して第１項に掲げる作業に従事する労働者に危害を及ぼすおそれがない場合には適用しない趣旨であること。

（昭43.1.13安発第2号）

第3節　ロープ高所作業における危険の防止

（ライフラインの設置）

第539条の2　事業者は、ロープ高所作業を行うときは、身体保持器具を取り付けたロープ（以下この節において「メインロープ」という。）以外のロープであつて、要求性能墜落制止用器具を取り付けるためのもの（以下この節において「ライフライン」という。）を設けなければならない。

解　説
---

① 「身体保持器具」には、例えばブランコ台、傾斜面用ハーネスのバックサイドベルトがあること。

② 「ライフライン」は墜落制止用器具を取り付けるためのものであって、ロープ高所作業中、常時身体を保持するためのものではないこと。

③ ライフラインとして、リトラクタ式墜落阻止器具（ランヤードの自動ロック機能、自動緊張機能及び巻取り機能を有する墜落阻止器具）を用いても差し支えないこと。

　ただし、以下に掲げる場合については、それぞれ以下に掲げる条件を満たす必要があること。

ア　ライフラインとして使用しているロープにリトラクタ式墜落阻止器具を接続して一つのライフラインとして使用する場合については、当該ロープとリトラクタ式墜落阻止器具との接続が確実になされている状態であること。

イ　リトラクタ式墜落阻止器具を複数用いる場合については、墜落制止用器具を接続しているリトラクタ式墜落阻止器具を別のリトラクタ式墜落阻止器具へ付け替えるときにフックを2本備えた墜落制止用器具（常時接続型の墜落制止用器具）を使用する等により、労働者が昇降する間、常に墜落制止用器具がリトラクタ式墜落阻止器具に接続されている状態であること。

（平27.8.5基発第0805第1号を一部改変）

（作業指揮者）

第539条の6　事業者は、ロープ高所作業を行うときは、当該作業を指揮する者を定め、その者に前条第1項の作業計画に基づき作業の指揮を行わせるとともに、次の事項を行わせなければならない。

1　第539条の3第2項の措置が同項の規定に適合して講じられているかどうかについて点検すること。

2　作業中、要求性能墜落制止用器具及び保護帽の使用状況を監視すること。

（要求性能墜落制止用器具の使用）

第539条の7　事業者は、ロープ高所作業を行うときは、当該作業を行う労働者に要求性能墜落制止用器具を使用させなければならない。

② 前項の要求性能墜落制止用器具は、ライフラインに取り付けなければな

らない。

③　労働者は、第１項の場合において、要求性能墜落制止用器具の使用を命じられたときは、これを使用しなければならない。

（保護帽の着用）

第539条の８　事業者は、ロープ高所作業を行うときは、物体の落下による労働者の危険を防止するため、労働者に保護帽を着用させなければならない。

②　労働者は、前項の保護帽の着用を命じられたときは、これを着用しなければならない。

（作業開始前点検）

第539条の９　事業者は、ロープ高所作業を行うときは、その日の作業を開始する前に、メインロープ等、要求性能墜落制止用器具及び保護帽の状態について点検し、異常を認めたときは、直ちに、補修し、又は取り替えなければならない。

第10章　通路、足場等
第１節　通路等
（架設通路）

第552条　事業者は、架設通路については、次に定めるところに適合したものでなければ使用してはならない。

１　丈夫な構造とすること。

２　勾配は、30度以下とすること。ただし、階段を設けたもの又は高さが２メートル未満で丈夫な手掛を設けたものはこの限りでない。

３　勾配が15度を超えるものには、踏桟その他の滑止めを設けること。

４　墜落の危険のある箇所には、次に掲げる設備（丈夫な構造の設備であつて、たわみが生ずるおそれがなく、かつ、著しい損傷、変形又は腐食がないものに限る。）を設けること。

　　イ　高さ85センチメートル以上の手すり又はこれと同等以上の機能を有する設備（以下「手すり等」という。）

　　ロ　高さ35センチメートル以上50センチメートル以下の桟又はこれと同等以上の機能を有する設備（以下「中桟等」という。）

５　たて坑内の架設通路でその長さが15メートル以上であるものは、10メートル以内ごとに踊場を設けること。

6　建設工事に使用する高さ８メートル以上の登り桟橋には、７メートル以内ごとに踊場を設けること。

②　前項第４号の規定は、作業の必要上臨時に手すり等又は中桟等を取り外す場合において、次の措置を講じたときは、適用しない。

1　要求性能墜落制止用器具を安全に取り付けるための設備等を設け、かつ、労働者に要求性能墜落制止用器具を使用させる措置又はこれと同等以上の効果を有する措置を講ずること。

2　前号の措置を講ずる箇所には、関係労働者以外の労働者を立ち入らせないこと。

③　事業者は、前項の規定により作業の必要上臨時に手すり等又は中桟等を取り外したときは、その必要がなくなつた後、直ちにこれらの設備を原状に復さなければならない。

④　労働者は、第２項の場合において、要求性能墜落制止用器具の使用を命じられたときは、これを使用しなければならない。

解　説
---

①　第１項第４号の「丈夫な構造の設備であつて、たわみが生ずるおそれがなく、かつ、著しい損傷、変形又は腐食がないものに限る」とは、繊維ロープ等可撓性の材料で構成されるものについては認めない趣旨であること。

②　第１項第４号イ及びロの「高さ」とは、架設通路面から手すり又はさんの上縁までの距離をいうものであること。

③　第１項第４号ロの「さん」とは、労働者の墜落防止のために、架設通路面と手すりの中間部に手すりと平行に設置される棒状の丈夫な部材をいうものであること。

④　第２項第１号の「要求性能墜落制止用器具を安全に取り付けるための設備等」の「等」には、取り外されていない手すり等を、要求性能墜落制止用器具を安全に取り付けるための設備として利用することができる場合が含まれること。

⑤　第２項第１号の「要求性能墜落制止用器具」は、令第13条第３項第28号の墜落制止用器具に限る趣旨であり、墜落制止用器具の規格（平成31年厚生労働省告示第11号）に適合しない命綱を含まないこと。

⑥　第２項第１号により、事業者が労働者に要求性能墜落制止用器具を使用させるときは、安衛則第521条第２項に基づき、墜落制止用器具及びその取付け設備等の異常の有無について、随時点検しなければならないこと。

⑦　第２項第２号の「関係労働者」には、手すり等又は中桟等を取り外す箇所において作業を行う者及び作業を指揮する者が含まれること。

（平21.3.11基発第0311001号、平27.3.31基発第0331第９号を一部改変）

（はしご道）

第556条　事業者は、はしご道については、次に定めるところに適合した

ものでなければ使用してはならない。

1　丈夫な構造とすること。

2　踏さんを等間隔に設けること。

3　踏さんと壁との間に適当な間隔を保たせること。

4　はしごの転位防止のための措置を講ずること。

5　はしごの上端を床から60センチメートル以上突出させること。

6　坑内はしご道でその長さが10メートル以上のものは、5メートル以内ごとに踏だなを設けること。

7　坑内はしご道のこう配は、80度以内とすること。

②　前項第5号から第7号までの規定は、潜函内等のはしご道については、適用しない。

（安全靴等の使用）

第558条　事業者は、作業中の労働者に、通路等の構造又は当該作業の状態に応じて、安全靴その他の適当な履物を定め、当該履物を使用させなければならない。

②　前項の労働者は、同項の規定により定められた履物の使用を命じられたときは、当該履物を使用しなければならない。

第2節　足場

第1款　材料等

（構造）

第561条　事業者は、足場については、丈夫な構造のものでなければ、使用してはならない。

（最大積載荷重）

第562条　事業者は、足場の構造及び材料に応じて、作業床の最大積載荷重を定め、かつ、これを超えて積載してはならない。

②　前項の作業床の最大積載荷重は、つり足場（ゴンドラのつり足場を除く。以下この節において同じ。）にあつては、つりワイヤロープ及びつり鋼線の安全係数が10以上、つり鎖及びつりフツクの安全係数が5以上並びにつり鋼帯並びにつり足場の下部及び上部の支点の安全係数が鋼材にあつては2.5以上、木材にあつては5以上となるように、定めなければならない。

③　事業者は、第1項の最大積載荷重を労働者に周知させなければならない。

（作業床）

第563条　事業者は、足場（一側足場を除く。第３号において同じ。）における高さ２メートル以上の作業場所には、次に定めるところにより、作業床を設けなければならない。

１　略

２　つり足場の場合を除き、幅、床材間の隙間及び床材と建地との隙間は、次に定めるところによること。

　イ　幅は、40センチメートル以上とすること。

　ロ　床材間の隙間は、３センチメートル以下とすること。

　ハ　床材と建地との隙間は、12センチメートル未満とすること。

３　墜落により労働者に危険を及ぼすおそれのある箇所には、次に掲げる足場の種類に応じて、それぞれ次に掲げる設備（丈夫な構造の設備であつて、たわみが生ずるおそれがなく、かつ、著しい損傷、変形又は腐食がないものに限る。以下「足場用墜落防止設備」という。）を設けること。

　イ　わく組足場（妻面に係る部分を除く。ロにおいて同じ。）　次のいずれかの設備

　　⑴　交さ筋かい及び高さ15センチメートル以上40センチメートル以下の桟若しくは高さ15センチメートル以上の幅木又はこれらと同等以上の機能を有する設備

　　⑵　手すりわく

　ロ　わく組足場以外の足場　手すり等及び中桟等

４～５　略

６　作業のため物体が落下することにより、労働者に危険を及ぼすおそれのあるときは、高さ10センチメートル以上の幅木、メッシュシート若しくは防網又はこれらと同等以上の機能を有する設備（以下「幅木等」という。）を設けること。ただし、第３号の規定に基づき設けた設備が幅木等と同等以上の機能を有する場合又は作業の性質上幅木等を設ける

ことが著しく困難な場合若しくは作業の必要上臨時に幅木等を取り外す場合において、立入区域を設定したときは、この限りでない。

② 　略

③ 　第1項第3号の規定は、作業の性質上足場用墜落防止設備を設けることが著しく困難な場合又は作業の必要上臨時に足場用墜落防止設備を取り外す場合において、次の措置を講じたときは、適用しない。

　　1 　要求性能墜落制止用器具を安全に取り付けるための設備等を設け、かつ、労働者に要求性能墜落制止用器具を使用させる措置又はこれと同等以上の効果を有する措置を講ずること。

　　2 　前号の措置を講ずる箇所には、関係労働者以外の労働者を立ち入らせないこと。

④ 　略

⑤ 　事業者は、第3項の規定により作業の必要上臨時に足場用墜落防止設備を取り外したときは、その必要がなくなつた後、直ちに当該設備を原状に復さなければならない。

⑥ 　労働者は、第3項の場合において、要求性能墜落制止用器具の使用を命じられたときは、これを使用しなければならない。

解　説

① 　第1項第3号については、第552条第1項第4号の解説①～③を参照。

② 　第1項第3号イ及び第6号の「幅木」とは、つま先板ともいい、物体の落下及び足の踏みはずしを防止するために作業床の外縁に取り付ける木製又は金属製の板をいうものであること。

③ 　第3項第1号については、第552条第2項第1号の解説④～⑥を参照。

④ 　第3項第2号については、第552条第2項第2号の解説⑦を参照。

（平21.3.11基発第0311001号、平27.3.31基発第0331第9号を一部改変）

第2款　足場の組立て等における危険の防止

（点検）

第567条 　事業者は、足場（つり足場を除く。）における作業を行うときは、その日の作業を開始する前に、作業を行う箇所に設けた足場用墜落防止設備の取り外し及び脱落の有無について点検し、異常を認めたときは、直ちに補修しなければならない。

② 　事業者は、強風、大雨、大雪等の悪天候若しくは中震以上の地震又は足

場の組立て、一部解体若しくは変更の後において、足場における作業を行うときは、作業を開始する前に、次の事項について、点検し、異常を認めたときは、直ちに補修しなければならない。

1 床材の損傷、取付け及び掛渡しの状態

2 建地、布、腕木等の緊結部、接続部及び取付部の緩みの状態

3 緊結材及び緊結金具の損傷及び腐食の状態

4 足場用墜落防止設備の取り外し及び脱落の有無

5 幅木等の取付状態及び取り外しの有無

6 脚部の沈下及び滑動の状態

7 筋かい、控え、壁つなぎ等の補強材の取付状態及び取り外しの有無

8 建地、布及び腕木の損傷の有無

9 突りようとつり索との取付部の状態及びつり装置の歯止めの機能

③ 事業者は、前項の点検を行つたときは、次の事項を記録し、足場を使用する作業を行う仕事が終了するまでの間、これを保存しなければならない。

1 当該点検の結果

2 前号の結果に基づいて補修等の措置を講じた場合にあつては、当該措置の内容

解　説

① 第2項の「強風」とは10分間の平均風速が毎秒10メートル以上の風を、「大雨」とは1回の降雨量が50ミリメートル以上の降雨を、「大雪」とは1回の降雪量が25センチメートル以上の降雪を、「中震以上の地震」とは震度階級4以上の地震をいうものであること。
（昭34.2.18基発第101号を一部改変）

② 第3項の「足場を使用する作業を行う仕事が終了するまでの間」とは、それぞれの事業者が請け負った仕事を終了するまでの間であって、元方事業者にあっては、当該事業場におけるすべての工事が終了するまでの間をいうものであること。
（平21.3.11基発第0311001号）

第11章　作業構台

（最大積載荷重）

第575条の4　事業者は、作業構台の構造及び材料に応じて、作業床の最大積載荷重を定め、かつ、これを超えて積載してはならない。

② 事業者は、前項の最大積載荷重を労働者に周知させなければならない。

（作業構台についての措置）

第575条の6　事業者は、作業構台については、次に定めるところによらなければならない。

　1～2　略

　3　高さ2メートル以上の作業床の床材間の隙間は、3センチメートル以下とすること。

　4　高さ2メートル以上の作業床の端で、墜落により労働者に危険を及ぼすおそれのある箇所には、手すり等及び中桟等（それぞれ丈夫な構造の設備であつて、たわみが生ずるおそれがなく、かつ、著しい損傷、変形又は腐食がないものに限る。）を設けること。

② 前項第4号の規定は、作業の性質上手すり等及び中桟等を設けることが著しく困難な場合又は作業の必要上臨時に手すり等又は中桟等を取り外す場合において、次の措置を講じたときは、適用しない。

　1　要求性能墜落制止用器具を安全に取り付けるための設備等を設け、かつ、労働者に要求性能墜落制止用器具を使用させる措置又はこれと同等以上の効果を有する措置を講ずること。

　2　前号の措置を講ずる箇所には、関係労働者以外の労働者を立ち入らせないこと。

③ 事業者は、前項の規定により作業の必要上臨時に手すり等又は中桟等を取り外したときは、その必要がなくなつた後、直ちにこれらの設備を原状に復さなければならない。

④ 労働者は、第2項の場合において、要求性能墜落制止用器具の使用を命じられたときは、これを使用しなければならない。

（点検）

第575条の8　事業者は、作業構台における作業を行うときは、その日の作業を開始する前に、作業を行う箇所に設けた手すり等及び中桟等の取り外し及び脱落の有無について点検し、異常を認めたときは、直ちに補修しなければならない。

② 事業者は、強風、大雨、大雪等の悪天候若しくは中震以上の地震又は作業構台の組立て、一部解体若しくは変更の後において、作業構台における作業を行うときは、作業を開始する前に、次の事項について、点検し、異常を認めたときは、直ちに補修しなければならない。

　1　支柱の滑動及び沈下の状態

2 支柱、はり等の損傷の有無

3 床材の損傷、取付け及び掛渡しの状態

4 支柱、はり、筋かい等の緊結部、接続部及び取付部の緩みの状態

5 緊結材及び緊結金具の損傷及び腐食の状態

6 水平つなぎ、筋かい等の補強材の取付状態及び取り外しの有無

7 手すり等及び中桟等の取り外し及び脱落の有無

③ 事業者は、前項の点検を行つたときは、次の事項を記録し、作業構台を使用する作業を行う仕事が終了するまでの間、これを保存しなければならない。

1 当該点検の結果

2 前号の結果に基づいて補修等の措置を講じた場合にあつては、当該措置の内容

付録

参考資料

1．ボイラー及び圧力容器安全規則（抄）

昭和47年9月30日労働省令第33号

最終改正：令和2年12月25日厚生労働省令第208号

（ボイラー据付け作業の指揮者）

第16条 事業者は、ボイラー（令第20条第5号イからニまでに掲げるボイラー及び小型ボイラーを除く。）の据付けの作業を行うときは、当該作業を指揮するため必要な能力を有すると認められる者のうちから、当該作業の指揮者を定め、その者に次の事項を行わせなければならない。

1～2 略

3 要求性能墜落制止用器具（労働安全衛生規則（昭和47年労働省令第32号。以下「安衛則」という。）第130条の5第1項に規定する要求性能墜落制止用器具をいう。）その他の命綱及び保護具の使用状況を監視すること。

2．クレーン等安全規則（抄）

昭和47年9月30日労働省令第34号

最終改正：令和2年12月25日厚生労働省令第208号

第27条 事業者は、前条の規定にかかわらず、作業の性質上やむを得ない場合又は安全な作業の遂行上必要な場合は、クレーンのつり具に専用のとう乗設備を設けて当該とう乗設備に労働者を乗せることができる。

② 事業者は、前項のとう乗設備については、墜落による労働者の危険を防止するため次の事項を行わなければならない。

1 略

2 労働者に要求性能墜落制止用器具（安衛則第130条の5第1項に規定する要求性能墜落制止用器具をいう。）その他の命綱（以下「要求性能墜落制止用器具等」という。）を使用させること。

3 略

③ 労働者は、前項の場合において要求性能墜落制止用器具等の使用を命じられたときは、これを使用しなければならない。

（組立て等の作業）

第33条 事業者は、クレーンの組立て又は解体の作業を行なうときは、次の措置を講じなければならない。

1 作業を指揮する者を選任して、その者の指揮のもとに作業を実施させること。

2～3 略

② 事業者は、前項第1号の作業を指揮する者に、次の事項を行わせなければならない。

1～2 略

3 作業中、要求性能墜落制止用器具等及び保護帽の使用状況を監視すること。

第73条 事業者は、前条の規定にかかわらず、作業の性質上やむを得ない場合又は安全な作業の遂行上必要な場合は、移動式クレーンのつり具に専用のとう乗設備を設けて当該とう乗設備に労働者を乗せることができる。

② 事業者は、前項のとう乗設備については、墜落による労働者の危険を防止するため次の事項を行わなければならない。

　1　略

　2　労働者に要求性能墜落制止用器具等を使用させること。

　3～4　略

③ 労働者は、前項の場合において要求性能墜落制止用器具等の使用を命じられたときは、これを使用しなければならない。

（ジブの組立て等の作業）

第75条の2 事業者は、移動式クレーンのジブの組立て又は解体の作業を行うときは、次の措置を講じなければならない。

　1　作業を指揮する者を選任して、その者の指揮の下に作業を実施させること。

　2～3　略

② 事業者は、前項第1号の作業を指揮する者に、次の事項を行わせなければならない。

　1～2　略

　3　作業中、要求性能墜落制止用器具等及び保護帽の使用状況を監視すること。

（組立て等の作業）

第118条 事業者は、デリックの組立て又は解体の作業を行なうときは、次の措置を講じなければならない。

　1　作業を指揮する者を選任して、その

者の指揮のもとに作業を実施させること。

　2～3　略

② 事業者は、前項第1号の作業を指揮する者に、次の事項を行わせなければならない。

　1～2　略

　3　作業中、要求性能墜落制止用器具等及び保護帽の使用状況を監視すること。

（組立て等の作業）

第153条 事業者は、屋外に設置するエレベーターの昇降路塔又はガイドレール支持塔の組立て又は解体の作業を行なうときは、次の措置を講じなければならない。

　1　作業を指揮する者を選任して、その者の指揮のもとに作業を実施させること。

　2～3　略

② 事業者は、前項第1号の作業を指揮する者に、次の事項を行わせなければならない。

　1～2　略

　3　作業中、要求性能墜落制止用器具等及び保護帽の使用状況を監視すること。

（組立て等の作業）

第191条 事業者は、建設用リフトの組立て又は解体の作業を行なうときは、次の措置を講じなければならない。

　1　作業を指揮する者を選任して、その者の指揮のもとに作業を実施させること。

　2～3　略

② 事業者は、前項第1号の作業を指揮す

る者に、次の事項を行わせなければなら
ない。

1～2　略

3　作業中、要求性能墜落制止用器具等
及び保護帽の使用状況を監視するこ
と。

3．ゴンドラ安全規則（抄）

昭和47年9月30日労働省令第35号

最終改正：令和2年12月25日厚生労働省令第208号

（要求性能墜落制止用器具等）

第17条　事業者は、ゴンドラの作業床に
おいて作業を行うときは、当該作業を行
う労働者に要求性能墜落制止用器具（安
衛則第130条の5第1項に規定する要
求性能墜落制止用器具をいう。）その他
の命綱（以下この条において「要求性能
墜落制止用器具等」という。）を使用さ
せなければならない。

②　つり下げのためのワイヤロープが1本
であるゴンドラにあつては、前項の要求
性能墜落制止用器具等は当該ゴンドラ以
外のものに取り付けなければならない。

③　労働者は、第1項の場合において、要
求性能墜落制止用器具等の使用を命じら
れたときは、これを使用しなければなら
ない。

4．酸素欠乏症等防止規則（抄）

昭和47年9月30日労働省令第42号

最終改正：平成30年6月19日厚生労働省令第75号

（要求性能墜落制止用器具等）

第6条　事業者は、酸素欠乏危険作業に労
働者を従事させる場合で、労働者が酸素
欠乏症等にかかつて転落するおそれのあ
るときは、労働者に要求性能墜落制止用
器具（労働安全衛生規則（昭和47年労
働省令第32号。以下「安衛則」という。）
第130条の5第1項に規定する要求性
能墜落制止用器具をいう。）その他の命
綱（以下「要求性能墜落制止用器具等」
という。）を使用させなければならない。

②　事業者は、前項の場合において、要求

性能墜落制止用器具等を安全に取り付け
るための設備等を設けなければならな
い。

③　労働者は、第1項の場合において、要
求性能墜落制止用器具等の使用を命じら
れたときは、これを使用しなければなら
ない。

（保護具等の点検）

第7条　事業者は、第5条の2第1項の規
定により空気呼吸器等を使用させ、又は
前条第1項の規定により要求性能墜落制
止用器具等を使用させて酸素欠乏危険作

業に労働者を従事させる場合には、その日の作業を開始する前に、当該空気呼吸器等又は当該要求性能墜落制止用器具等

及び前条第2項の設備等を点検し、異常を認めたときは、直ちに補修し、又は取り替えなければならない。

5．安全衛生特別教育規程（抄）

昭和47年9月30日労働省告示第92号

最終改正：令和元年8月8日厚生労働省告示第83号

（墜落制止用器具を用いて行う作業に係る業務に係る特別教育）

第24条　安衛則第36条第41号に掲げる業務に係る特別教育は、学科教育及び実技教育により行うものとする。

②　前項の学科教育は、次の表の上欄（編注・左欄）に掲げる科目に応じ、それぞれ、同表の中欄に掲げる範囲について同表の下欄（編注・右欄）に掲げる時間以上行うものとする。

科目	範囲	時間
作業に関する知識	作業に用いる設備の種類、構造及び取扱い方法　作業に用いる設備の点検及び整備の方法　作業の方法	1時間
墜落制止用器具（フルハーネス型のものに限る。以下この条において同じ。）に関する知識	墜落制止用器具のフルハーネス及びランヤードの種類及び構造　墜落制止用器具のフルハーネスの装着の方法　墜落制止用器具のランヤードの取付け設備等への取付け方法及び選定方法　墜落制止用器具の点検及び整備の方法　墜落制止用器具の関連器具の使用方法	2時間
労働災害の防止に関する知識	墜落による労働災害の防止のための措置　落下物による危険防止のための措置　感電防止のための措置　保護帽の使用方法及び保守点検の方法　事故発生時の措置　その他作業に伴う災害及びその防止方法	1時間
関係法令	法、令及び安衛則中の関係条項	0.5時間

③　第1項の実技教育は、次の表の上欄（編注・左欄）に掲げる科目に応じ、それぞれ、同表の中欄に掲げる範囲について同表の下欄（編注・右欄）に掲げる時間以上行うものとする。

科目	範囲	時間
墜落制止用器具の使用方法等	墜落制止用器具のフルハーネスの装着の方法　墜落制止用器具のランヤードの取付け設備等への取付け方法　墜落による労働災害防止のための措置　墜落制止用器具の点検及び整備の方法	1.5時間

6. 墜落制止用器具の規格

令和元年6月28日厚生労働省告示第48号

（定義）

第1条 この告示において、次の各号に掲げる用語の意義は、それぞれ当該各号に定めるところによる。

1 フルハーネス 墜落を制止する際に墜落制止用器具を着用した者（以下「着用者」という。）の身体にかかる荷重を肩、腰部及び腿等において支持する構造の器具をいう。

2 胴ベルト 身体の腰部に着用する帯状の器具をいう。

3 ランヤード フルハーネス又は胴ベルトと親綱その他の取付設備等（墜落制止用器具を安全に取り付けるための設備等をいう。以下この条及び次条第3項において同じ。）とを接続するためのロープ又はストラップ（以下「ランヤードのロープ等」という。）、コネクタ等（ショックアブソーバ又は巻取り器を接続する場合は、当該ショックアブソーバ又は巻取り器を含む。）からなる器具をいう。

4 コネクタ フルハーネス、胴ベルト、ランヤード又は取付設備等を相互に接続するための器具をいう。

5 ショックアブソーバ 墜落を制止するときに生ずる衝撃を緩和するための器具をいう。

6 巻取り器 ランヤードのロープ等を巻き取るための器具をいう。

7 自由落下距離 労働者がフルハーネス又は胴ベルトを着用する場合における当該フルハーネス又は胴ベルトにランヤードを接続する部分の高さからコネクタの取付設備等の高さを減じたものにランヤードの長さを加えたものをいう。

8 落下距離 墜落制止用器具が着用者の墜落を制止するときに生ずるランヤード及びフルハーネス又は胴ベルトの伸び等に自由落下距離を加えたものをいう。

（使用制限）

第2条 6.75メートルを超える高さの箇所で使用する墜落制止用器具は、フルハーネス型のものでなければならない。

② 墜落制止用器具は、当該墜落制止用器具の着用者の体重及びその装備品の質量の合計に耐えるものでなければならない。

③ ランヤードは、作業箇所の高さ及び取付設備等の状況に応じ、適切なものでなければならない。

（構造）

第3条 フルハーネス型の墜落制止用器具（以下「フルハーネス型墜落制止用器具」という。）は、次に掲げる基準に適合するものでなければならない。

1 墜落を制止するときに、着用者の身体にかかる荷重を肩、腰部及び腿等においてフルハーネスにより適切に支持する構造であること。

2 フルハーネスは、着用者に適切に適合させることができること。

3　ランヤード（ショックアブソーバを含む。）を適切に接続したものであること。

4　バックルは、適切に結合でき、接続部が容易に外れないものであること。

② 胴ベルト型の墜落制止用器具（以下「胴ベルト型墜落制止用器具」という。）は、次に掲げる基準に適合するものでなければならない。

1　墜落を制止するときに、着用者の身体にかかる荷重を胴部において胴ベルトにより適切に支持する構造であるこ

と。

2　胴ベルトは、着用者に適切に適合させることができること。

3　ランヤードを適切に接続したものであること。

（部品の強度）

第4条　墜落制止用器具の部品は、次の表の上欄（編注・左欄）に掲げる区分に応じ、それぞれ同表の下欄（編注・右欄）に定める強度を有するものでなければならない。

区　分	強　度
フルハーネス	日本産業規格T8165（墜落制止用器具）に定める引張試験の方法又はこれと同等の方法によってトルソーの頭部方向に15.0キロニュートンの引張荷重を掛けた場合及びトルソーの足部方向に10.0キロニュートンの引張荷重を掛けた場合において、破断しないこと。
胴ベルト	日本産業規格T8165（墜落制止用器具）に定める引張試験の方法又はこれと同等の方法によって15.0キロニュートンの引張荷重を掛けた場合において、破断しないこと。
ランヤードのロープ等	日本産業規格T8165（墜落制止用器具）に定める引張試験の方法又はこれと同等の方法によって織ベルト又は繊維ロープについては22.0キロニュートン、ワイヤロープ又はチェーンについては15.0キロニュートンの引張荷重を掛けた場合において、破断しないこと。ただし、第8条第3項の表の第一種の項に定める基準を満たすショックアブソーバと組み合わせて使用する織ベルト又は繊維ロープについては、引張荷重を15.0キロニュートンとすることができる。
コネクタ	1　日本産業規格T8165（墜落制止用器具）に定める引張試験の方法又はこれと同等の方法によって11.5キロニュートンの引張荷重を掛けた場合において、破断し、その機能を失う程度に変形し、又は外れ止め装置の機能を失わないこと。 2　日本産業規格T8165（墜落制止用器具）に定める耐力試験の方法又はこれと同等の方法による試験を行った場合において、破断し、その機能を失う程度に変形し、又は外れ止め装置の機能を失わないこと。
ショックアブソーバ	日本産業規格T8165（墜落制止用器具）に定める引張試験の方法又はこれと同等の方法によって15.0キロニュートンの引張荷重を掛けた場合において、破断等によりその機能を失わないこと。
巻取り器	1　日本産業規格T8165（墜落制止用器具）に定める引張試験の方法又はこれと同等の方法によって11.5キロニュートンの引張荷重を掛けた場合において、破断しないこと。 2　ロック装置を有する巻取り器にあっては、日本産業規格T8165（墜落制止用器具）に定める引張試験の方法又はこれと同等の方法によって6.0キロニュートンの引張荷重を掛けた場合において、ロック装置の機能を失わないこと。

（材料）

第5条　前条の表の上欄（編注・左欄）に掲げる墜落制止用器具の部品の材料は、当該部品が通常の使用状態において想定される機械的、熱的及び化学的作用を受けた場合において同表の下欄（編注・右

欄）の強度を有するように選定されたものでなければならない。

（部品の形状等）

第6条　墜落制止用器具の部品は、次の表の上欄（編注・左欄）に掲げる区分に応じ、それぞれ同表の下欄（編注・右欄）

区　分	強　度
フルハーネス	1　墜落を制止するときに着用者の身体にかかる荷重を支持する主たる部分の幅が40ミリメートル以上であること。 2　前号の部分以外の部分の幅が20ミリメートル以上であること。 3　縫製及び形状が安全上適切なものであること。
胴ベルト	1　幅が50ミリメートル（補助ベルトと組み合わせる場合は、40ミリメートル）以上であること。 2　縫製及び形状が安全上適切なものであること。
補助ベルト	1　幅が75ミリメートル以上であること。 2　厚さが2ミリメートル以上であること。 3　縫製及び形状が安全上適切なものであること。
バックル	日本産業規格Ｔ8165（墜落制止用器具）に定める振動試験の方法又はこれと同等の方法による試験を行った場合において、確実にベルトを保持することができること。
ランヤード	1　胴ベルト型墜落制止用器具に使用するランヤードは、長さが1,700ミリメートル以下であること。 2　フルハーネス型墜落制止用器具に使用するランヤードは、当該ランヤードを使用する場合の標準的な自由落下距離が、当該ランヤードに使用されるショックアブソーバに係る第8条第3項の表に定める基準を満たす自由落下距離のうち最大のものを上回らないものであること。 3　縫製及び形状が安全上適切なものであること。
コネクタ	1　適切な外れ止め装置を備えていること。 2　形状が安全上適切なものであること。

に定める形状等のものでなければならない。

（部品の接続）

第7条　墜落制止用器具の部品は、的確に、かつ、容易に緩まないように接続できるものでなければならない。

②　接続部品は、これを用いて接続したために墜落を制止する機能に異常を生じないものでなければならない。

（耐衝撃性等）

第8条　フルハーネスは、トルソーを使用し、日本産業規格Ｔ8165（墜落制止用器具）に定める落下試験の方法又はこれと同等の方法による試験を行った場合において、当該トルソーを保持できるものでなければならない。

②　前項の試験を行った場合に、トルソーの中心線とランヤードとのなす角度がトルソーの頸部を上方として45度を超えないものでなければならない。ただし、フルハーネスとランヤードのロープ等を接続するコネクタを身体の前面に備え付ける場合等は、50度を超えないものとすることができる。

③　ショックアブソーバは、重りを使用し、日本産業規格Ｔ8165（墜落制止用器具）に定める落下試験の方法又はこれと同等の方法による試験を行った場合において、衝撃荷重、ショックアブソーバの伸びが次の表に定める種別に応じた自由落下距離の区分に応じ、それぞれ同表に定める基準を満たさなければならない。

種　別	自由落下距離	基　準	
		衝撃荷重	ショックアブソーバの伸び
第一種	1.8メートル	4.0キロニュートン以下	1.2メートル以下
第二種	4.0メートル	6.0キロニュートン以下	1.75メートル以下

④ 巻取り器は、重りを使用し、日本産業規格T8165（墜落制止用器具）に定める落下試験の方法又はこれと同等の方法による試験を行った場合において、損傷等によりストラップを保持する機能を失わないものでなければならず、かつ、ロック装置を有するものにあっては、当該ロック装置の損傷等によりロック装置の機能を失わないものでなければならない。

⑤ 胴ベルト型墜落制止用器具は、トルソー又は砂のうを使用し、日本産業規格T8165（墜落制止用器具）に定める落下試験の方法又はこれと同等の方法による試験を行った場合において、トルソー又は砂のうを保持することができるものであり、かつ、当該試験を行った場合にコネクタにかかる衝撃荷重が4.0キロニュートン以下のものでなければならない。

⑥ 第1項及び前項のトルソー、第3項及び第4項の重り並びに前項の砂のうは、次に掲げる基準に適合するものでなければならない。

　1　トルソーは、日本産業規格T8165（墜落制止用器具）に定める形状、寸法及び材質に適合するもの又はこれと同等と認められるものであること。

　2　質量は、100キログラム又は85キログラムであること。ただし、特殊の用途に使用する墜落制止用器具にあっては、この限りではない。

（表示）

第9条　墜落制止用器具は、見やすい箇所に当該墜落制止用器具の種類、製造者名及び製造年月が表示されているものでなければならない。

② ショックアブソーバは、見やすい箇所に、当該ショックアブソーバの種別、当該ショックアブソーバを使用する場合に前条第3項の表に定める基準を満たす自由落下距離のうち最大のもの、使用可能な着用者の体重と装備品の質量の合計の最大値、標準的な使用条件の下で使用した場合の落下距離が表示されているものでなければならない。

（特殊な構造の墜落制止用器具等）

第10条　特殊な構造の墜落制止用器具又は国際規格等に基づき製造された墜落制止用器具であって、厚生労働省労働基準局長が第3条から前条までの規定に適合するものと同等以上の性能又は効力を有すると認めたものについては、この告示の関係規定は、適用しない。

附　則

第1条　この告示は平成31年2月1日から適用する。

第2条　平成31年2月1日において、現に製造している安全帯又は現に存する安全帯の規格については、平成34年1月1日までの間は、なお従前の例による。

第3条　前条に規定する安全帯以外の安全帯で、平成31年8月1日前に製造された安全帯又は同日において現に製造している安全帯の規格については、平成34年1月1日までの間は、なお従前の例によることができる。

第4条　前二条の規定は、これらの条に規定する安全帯又はその部分がこの告示による改正後の墜落制止用器具構造規格に適合するに至った後における当該墜落制

止用器具又はその部分については、適用
しない。

附則（令和元年６月28日厚生労働省告示
第48号）抄

（適用期日）

1　この告示は、不正競争防止法等の一部
を改正する法律の施行の日（令和元年７
月１日）から適用する。

構造規格の主な改正点

構造規格の主な改正点は以下のとおりです。

①名称・適用範囲

項目	旧規格	新規格
名称	安全帯の規格	墜落制止用器具の規格
適用範囲	安全帯 ・胴ベルト型安全帯 　（１本つり用・Ｕ字つり用） ・ハーネス型安全帯	墜落制止用（フォールアレスト用）器具 ・フルハーネス型 ・胴ベルト型 ※「Ｕ字つり」はワークポジショニングに当たり、墜落制止用ではないため規定しない
定義	フック カラビナ	コネクタ
定義	グリップ 伸縮調節器	〈削除〉
定義	――	自由落下距離〈新設〉 　Ｄ環高さ－コネクタ取付高さ＋ランヤード長さ
定義	――	落下距離〈新設〉 　ランヤード、ハーネス等の伸び＋自由落下距離
使用制限	――	〈新設〉 ・着用する者の体重及びその装備品の質量の合計に耐えること

②部品の強度

項目	旧規格	新規格
フルハーネス（ハーネス本体）	11.5kN以上 ――	・頭部方向への引張：15.0kN以上 ・足部方向への引張：10.0kN以上
バックルによる連結部	8.0kN以上 （ハーネス用6.0kN以上）	〈削除〉
ランヤードのロープ等	15.0kN以上	・織ベルト又は繊維ロープ：22.0kN以上 ・ワイヤロープ又はチェーン：15.0kN以上 ・第一種ショックアブソーバと組み合わせて使用する織ベルト及び繊維ロープ：15.0kN以上

項目	旧規格	新規格
コネクタ	11.5kN以上	・11.5kN以上
	――	・外れ止め装置の耐力試験：縦荷重：1.0kN以上（第1種・第2種）
環及び環取付部	11.5kN以上	〈削除〉
ショックアブソーバ	11.5kN以上	15.0kN以上
巻取り器	11.5kN以上	・11.5kN以上 ・ロック機能を有する巻取り器：6.0kN以上

③耐衝撃性等

項目		旧規格	新規格
試験用落下体		・トルソー又は砂のう ・質量：85kg	・トルソー、砂のう又は重すい ・質量：100kg又は85kg （特殊用途においてはこの限りでない）
フルハーネス	試験方法	ランヤードと組合せで試験	テストランヤードで試験：ワイヤロープφ9～10mm、2.4m
	衝撃荷重値	8.0kN以下	・規格値なし ・トルソーを保持すること
	落下体の角度	30°以下	・45°以下 ・コネクタを身体の前面に備え付ける場合等は50°以下
ショックアブソーバにおける耐衝撃性		・安全帯のランヤードと組合せで試験 ・ショックアブソーバの伸び：650mm以下	（単体で性能要件化） ・第一種　自由落下距離1.8m 　衝撃荷重値：4.0kN以下 　ショックアブソーバの伸び：1.2m以下 ・第二種　自由落下距離4.0m 　衝撃荷重値：6.0kN以下 　ショックアブソーバの伸び：1.75m以下
胴ベルト型の組合せ品における衝撃荷重値		8.0kN以下	4.0kN以下
巻取り器		――――	〈新設〉 ・ストラップを保持する機能を失わないこと ・ロック装置を有するものは、その機能を失わないこと

7．墜落制止用器具の安全な使用に関するガイドライン

平成30年6月22日基発0622第2号

第1　趣旨

　高さ2メートル以上の箇所で作業を行う場合には、作業床を設け、その作業床の端や開口部等には囲い、手すり、覆い等を設けて墜落自体を防止することが原則であるが、こうした措置が困難なときは、労働者に安全帯を使用させる等の措置を講ずることが事業者に義務付けられている。

　今般、墜落による労働災害の防止を図るため、平成30年6月8日に労働安全衛生法施行令（昭和47年政令第318号。以下「安衛令」という。）第13条第3項第28号の「安全帯（墜落による危険を防止するためのものに限る。）」を「墜落制止用器具」と改めた上で、平成30年6月19日に労働安全衛生規則（昭和47年労働省令第32号。以下「安衛則」という。）等及び安全衛生特別教育規程（昭和47年労働省告示第92号）における墜落・転落による労働災害を防止するための措置及び特別教育の追加について所要の改正が行われ、平成31年2月1日から施行される。

　本ガイドラインはこれらの改正された安衛令等と相まって、墜落制止用器具の適切な使用による一層の安全対策の推進を図るため、改正安衛令等に規定された事項のほか、事業者が実施すべき事項、並びに労働安全衛生法（昭和47年法律第57号。以下「安衛法」という。）及び関係法令において規定されている事項のうち、重要なものを一体的に示すことを目的とし、制定したも

のである。

　事業者は、本ガイドラインに記載された事項を的確に実施することに加え、より現場の実態に即した安全対策を講ずるよう努めるものとする。

第2　適用範囲

　本ガイドラインは、安衛令第13条第3項第28号に規定される墜落制止用器具を使用して行う作業について適用する。

第3　用語

1　墜落制止用器具を構成する部品等

⑴　フルハーネス型墜落制止用器具

　　墜落を制止する際に身体の荷重を肩、腰部及び腿等複数箇所において支持する構造の部品で構成される墜落制止用器具をいう。

⑵　胴ベルト型墜落制止用器具

　　身体の腰部に着用する帯状の部品で構成される墜落制止用器具をいう。

⑶　ランヤード

　　フルハーネス又は胴ベルトと親綱その他の取付設備（墜落制止用器具を安全に取り付けるための設備をいう。）等とを接続するためのロープ又はストラップ（以下「ランヤードのロープ等」という。）及びコネクタ等からなる器具をいう。ショックアブソーバ又は巻取り器を接続する場合は、当該ショックアブソーバ等を含む。

(4) コネクタ

フルハーネス、胴ベルト、ランヤード又は取付設備等を相互に接続するための器具をいう。

(5) フック

コネクタの一種であり、ランヤードの構成部品の一つ。ランヤードを取付設備又は胴ベルト若しくはフルハーネスに接続された環に接続するためのかぎ形の器具をいう。

(6) カラビナ

コネクタの一種であり、ランヤードの構成部品の一つ。ランヤードを取付設備又は胴ベルト若しくはフルハーネスに接続された環に接続するための環状の器具をいう。

(7) ショックアブソーバ

墜落を制止するときに生ずる衝撃を緩和するための器具をいう。第一種ショックアブソーバは自由落下距離1.8メートルで墜落を制止したときの衝撃荷重が4.0キロニュートン以下であるものをいい、第二種ショックアブソーバは自由落下距離4.0メートルで墜落を制止したときの衝撃荷重が6.0キロニュートン以下であるものをいう。

(8) 巻取り器

ランヤードのストラップを巻き取るための器具をいう。墜落を制止するときにランヤードの繰り出しを瞬時に停止するロック機能を有するものがある。

(9) 補助ロープ

移動時において、主となるランヤードを掛け替える前に移動先の取付設備に掛けることによって、絶えず労働者が取付設備と接続された状態を維持するための短いロープ又はストラップ(以下「ロープ等」という。)をいう。

(10) 自由落下距離

作業者がフルハーネス又は胴ベルトを着用する場合における当該フルハーネス又は胴ベルトにランヤードを接続する部分の高さからフック又はカラビナ(以下「フック等」という。)の取付設備等の高さを減じたものにランヤードの長さを加えたものをいう(**図1**及び**図2**のA)。

(11) 落下距離

作業者の墜落を制止するときに生ずるランヤード及びフルハーネス若しくは胴ベルトの伸び等に自由落下距離を加えたものをいう(**図1**及び**図2**のB)。

2 ワークポジショニング作業関連

(1) ワークポジショニング作業

ロープ等の張力により、U字つり状態などで作業者の身体を保持して行う作業をいう。

(2) ワークポジショニング用ロープ

取付設備に回しがけするロープ等で、伸縮調節器を用いて調整したロープ等の張力によってU字つり状態で身体の作業位置を保持するためのものをいう。

(3) 伸縮調節器

ワークポジショニング用ロープの構成部品の一つ。ロープの長さを調節するための器具をいう。

(4) 移動ロープ

送電線用鉄塔での建設工事等で使用される、鉄塔に上部が固定され垂らされたロープをいう。

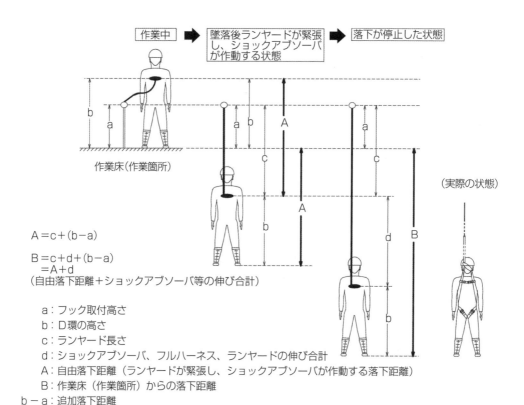

$A = c + (b-a)$

$B = c + d + (b-a)$
   $= A + d$
（自由落下距離＋ショックアブソーバ等の伸び合計）

　　a：フック取付高さ
　　b：D環の高さ
　　c：ランヤード長さ
　　d：ショックアブソーバ、フルハーネス、ランヤードの伸び合計
　　A：自由落下距離（ランヤードが緊張し、ショックアブソーバが作動する落下距離）
　　B：作業床（作業箇所）からの落下距離
b－a：追加落下距離

図1　フルハーネス型の落下距離等

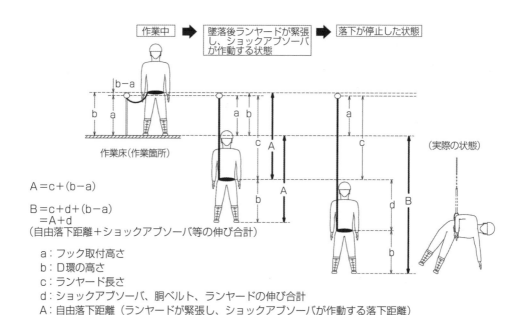

$A = c + (b-a)$

$B = c + d + (b-a)$
   $= A + d$
（自由落下距離＋ショックアブソーバ等の伸び合計）

　　a：フック取付高さ
　　b：D環の高さ
　　c：ランヤード長さ
　　d：ショックアブソーバ、胴ベルト、ランヤードの伸び合計
　　A：自由落下距離（ランヤードが緊張し、ショックアブソーバが作動する落下距離）
　　B：作業床（作業箇所）からの落下距離
b－a：追加落下距離

図2　胴ベルト型の落下距離等

3 その他関連器具

(1) 垂直親綱

　　鉛直方向に設置するロープ等による取付設備をいう。

(2) 水平親綱

　　水平方向に設置するロープ等による取付設備をいう。

第4 墜落制止用器具の選定

1 基本的な考え方

(1) 墜落制止用器具は、フルハーネス型を原則とすること。ただし、墜落時にフルハーネス型の墜落制止用器具を着用する者が地面に到達するおそれのある場合は、胴ベルト型の使用が認められること。

(2) 適切な墜落制止用器具の選択には、フルハーネス型又は胴ベルト型の選択のほか、フック等の取付設備の高さに応じたショックアブソーバのタイプ、それに伴うランヤードの長さ（ロック付き巻取り器を備えるものを含む。）の選択が含まれ、事業者がショックアブソーバの最大の自由落下距離や使用可能な最大質量等を確認の上、作業内容、作業箇所の高さ及び作業者の体重等に応じて適切な墜落制止用器具を選択する必要があること。

(3) 胴ベルト型を使用することが可能な高さの目安は、フルハーネス型を使用すると仮定した場合の自由落下距離とショックアブソーバの伸びの合計値に１メートルを加えた値以下とする必要があること。このため、いかなる場合にも守らなければならない最低基準として、ショックアブソーバの自由落下距離の最大値（４メートル）及びショックアブソーバの伸びの最大値（1.75メートル）の合計値に１メートルを加えた高さ（6.75メートル）を超える箇所で作業する場合は、フルハーネス型を使用しなければならないこと。

2 墜落制止用器具の選定（ワークポジショニング作業を伴わない場合）

(1) ショックアブソーバ等の種別の選定

ア 腰の高さ以上にフック等を掛けて作業を行うことが可能な場合には、第一種ショックアブソーバを選定すること。

イ 鉄骨組み立て作業等において、足下にフック等を掛けて作業を行う必要がある場合は、フルハーネス型を選定するとともに、第二種ショックアブソーバを選定すること。

ウ 両方の作業を混在して行う場合は、フルハーネス型を選定するとともに、第二種ショックアブソーバを選定すること。

(2) ランヤードの選定

ア ランヤードに表示された標準的な条件（ランヤードのフック等の取付高さ(a)：0.85メートル、ランヤードとフルハーネスを結合する環の高さ (b)：1.45メートル。以下同じ。）の下における落下距離を確認し、主に作業を行う箇所の高さに応じ、適切なランヤードを選定すること。

イ ロック機能付き巻取り式ランヤードは、通常のランヤードと比較して落下距離が短いため、主に作業を行う箇所の高さが比較的低い場合は、使用が推奨されること。

ウ 移動時におけるフック等の掛替え時の墜落を防止するため、二つのフック

等を相互に使用する方法（二丁掛け）が望ましいこと。

エ　フルハーネス型で二丁掛けを行う場合、二本の墜落制止用のランヤードを使用すること。

オ　胴ベルト型で二丁掛けを行う場合、墜落制止用のランヤードのフック等を掛け替える時のみに使用するものとして、補助ロープを使用することが認められること。補助ロープにはショックアブソーバを備えないものも含まれるが、その場合、作業時に使用されることがないように、長さを1.3メートル以下のものを選定すること。

(3)　体重に応じた器具の選定

墜落制止用器具には、使用可能な最大質量（85kg又は100kg。特注品を除く。）が定められているので、器具を使用する者の体重と装備品の合計の質量が使用可能な最大質量を超えないように器具を選定すること。

(4)　胴ベルト型が使用可能な高さの目安

建設作業等におけるフルハーネス型の一般的な使用条件（ランヤードのフック等の取付高さ：0.85メートル、ランヤードとフルハーネスを結合する環の高さ：1.45メートル、ランヤード長さ：1.7メートル（この場合、自由落下距離は2.3メートル）、ショックアブソーバ（第一種）の伸びの最大値：1.2メートル、フルハーネス等の伸び：1メートル程度）を想定すると、目安高さは5メートル以下とすべきであること。これよりも高い箇所で作業を行う場合は、フルハーネス型を使用すること。

3　墜落制止用器具の選定（ワークポジショニング作業を伴う場合）

ワークポジショニング作業に使用される身体保持用の器具（以下「ワークポジショニング用器具」という。）は、実質的に墜落を防止する効果があるが、墜落した場合にそれを制止するためのバックアップとして墜落制止用器具を併用する必要があること。

(1)　ショックアブソーバの種別の選択

ワークポジショニング作業においては、通常、足下にフック等を掛ける作業はないため、第一種ショックアブソーバを選定すること。ただし、作業内容に足下にフック等を掛ける作業が含まれる場合は、第二種ショックアブソーバを選定すること。

(2)　ランヤードの選定

ア　ランヤードに表示された標準的な条件の下における落下距離を確認し、主に作業を行う箇所の高さに応じ、適切なランヤードを選定すること。

イ　ロック機能付き巻取り式ランヤードは、通常のランヤードと比較して落下距離が短いため、主に作業を行う箇所の高さが比較的低い場合は、使用が推奨されること。

ウ　移動時のフック等の掛替え時の墜落を防止するため、二つのフック等を相互に使用する方法（二丁掛け）が望ましいこと。また、ワークポジショニング姿勢を保ちつつ、フック等の掛替えを行うことも墜落防止に有効であること。

エ　二丁掛けを行う場合、2本の墜落制止用のランヤードを使用することが望

ましいが、二本のうち一本は、ワークポジショニング用のロープを使用することも認められること。この場合、伸縮調整器により、必要最小限のロープの長さで使用すること。

(3) 体重に応じた器具の選定

墜落制止用器具には、使用可能な最大質量（85kg又は100kg。特注品を除く。）が定められているので、器具を使用する者の体重と装備品の合計の質量が使用可能な最大質量を超えないように器具を選定すること。

(4) フルハーネス型の選定

ワークポジショニング作業を伴う場合は、通常、頭上に構造物が常に存在し、フック等を頭上に取り付けることが可能であるので、地面に到達しないようにフルハーネス型を使用することが可能であることから、フルハーネス型を選定すること。ただし、頭上にフック等を掛けられる構造物がないことによりフルハーネス型の着用者が地面に到達するおそれがある場合は、胴ベルト型の使用も認められること。

4 昇降・通行時等の措置、周辺機器の使用

(1) 墜落制止用器具は、作業時に義務付けられ、作業と通行・昇降（昇降用の設備の健全性等を確認しながら、昇降する場合を含む。）は基本的に異なる概念であること。また、伐採など、墜落制止用器具のフック等を掛ける場所がない場合など、墜落制止用器具を使用することが著しく困難な場合には、保護帽の着用等の代替措置を行う必要があること。

(2) 垂直親綱、安全ブロック又は垂直レールを用いて昇降を行う際には、墜落制止機能は求められないこと。また、ISO規格で認められているように、垂直親綱、安全ブロック又は垂直レールに、子綱とスライド式墜落制止用の器具を介してフルハーネス型の胸部等に設けたコネクタと直結する場合であって、適切な落下試験等によって安全性を確認できるものは、当該子綱とスライド式墜落制止用の器具は、フルハーネス型のランヤードに該当すること。

(3) 送電線用鉄塔での建設工事等で使用される移動ロープは、ランヤードではなく、親綱と位置づけられる。また、移動ロープとフルハーネス型をキーロック方式安全器具等で直結する場合であって、移動ロープにショックアブソーバが設けられている場合、当該キーロック方式安全器具等は、フルハーネス型のランヤードに該当すること。この場合、移動ロープのショックアブソーバは、第二種ショックアブソーバに準じた機能を有するものであること。

第5 墜落制止用器具の使用

1 墜落制止用器具の使用方法

(1) 墜落制止用器具の装着

ア 取扱説明書を確認し、安全上必要な部品が揃っているか確認すること。

イ フルハーネス型については、墜落制止時にフルハーネスがずり上がり、安全な姿勢が保持できなくなることのないように、緩みなく確実に装着すること。また、胸ベルト等安全上必要な部品を取り外さないこと。胴ベルト型に

ついては、できるだけ腰骨の近くで、墜落制止時に足部の方に抜けない位置に、かつ、極力、胸部へずれないよう確実に装着すること。

ウ　バックルは正しく使用し、ベルトの端はベルト通しに確実に通すこと。バックルの装着を正確に行うため、ワンタッチバックル等誤った装着ができない構造となったものを使用することが望ましいこと。また、フルハーネス型の場合は、通常2つ以上のバックルがあるが、これらの組み合わせを誤らないように注意して着用すること。

エ　ワークポジショニング用器具は、伸縮調節器を環に正しく掛け、外れ止め装置の動作を確認するとともに、ベルトの端や作業服が巻き込まれていないことを目視により確認すること。

オ　ワークポジショニング作業の際に、フック等を誤って環以外のものに掛けることのないようにするため、環又はその付近のベルトには、フック等を掛けられる器具をつけないこと。

カ　ワークポジショニング用器具は、装着後、地上において、それぞれの使用条件の状態で体重をかけ、各部に異常がないかどうかを点検すること。

キ　装着後、墜落制止用器具を使用しないときは、フック等を環に掛け又は収納袋に収める等により、ランヤードが垂れ下がらないようにすること。ワークポジショニング用器具のロープは肩に掛けるかフック等を環に掛けて伸縮調節器によりロープの長さを調節することにより、垂れ下がらないようにすること。

(2)　墜落制止用器具の取付設備

ア　墜落制止用器具の取付設備は、ランヤードが外れたり、抜けたりするおそれのないもので、墜落制止時の衝撃力に対し十分耐え得る堅固なものであること。取付設備の強度が判断できない場合には、フック等を取り付けないこと。作業の都合上、やむを得ず強度が不明な取付設備にフック等を取り付けなければならない場合には、フック等をできる限り高い位置に取り付ける等により、取付設備の有する強度の範囲内に墜落制止時の衝撃荷重を抑える処置を講ずること。

イ　墜落制止用器具の取付設備の近傍に鋭い角がある場合には、ランヤードのロープ等が直接鋭い角に当たらないように、養生等の処置を講ずること。

(3)　墜落制止用器具の使用方法（ワークポジショニング作業を伴わない場合）

ア　取付設備は、できるだけ高い位置のものを選ぶこと。

イ　垂直構造物や斜材等に取り付ける場合は、墜落制止時にランヤードがずれたり、こすれたりしないようにすること。

ウ　墜落制止用器具は、可能な限り、墜落した場合に振子状態になって物体に激突しないような場所に取り付けること。

エ　補助ロープは、移動時の掛替え用に使用するものであり、作業時には使用しないこと。

(4)　墜落制止用器具の使用方法（ワークポジショニング作業を伴う場合）

ア　取付設備は、原則として、頭上の位

置のものを選ぶこと。

イ　垂直構造物や斜材等に取り付ける場合は、墜落制止時にランヤードがずれたり、こすれたりしないようにすること。

ウ　ワークポジショニング用器具は、ロープによじれのないことを確認したうえで、フック等が環に確実に掛かっていることを目視により確認し、伸縮調節器により、ロープの長さを作業上必要最小限の長さに調節し、体重をかけるときは、いきなり手を離して体重をかけるのではなく、徐々に体重を移し、異状がないことを確かめてから手を離すこと。

エ　ワークポジショニング用ロープは、移動時の掛替え時の墜落防止用に使用できるが、作業時には、別途、墜落制止用器具としての要件を満たす別のランヤードを使用して作業を行う必要があること。ワークポジショニング用ロープを掛替え時に使用する場合は、長さを必要最小限とすること。

(5)　フック等の使用方法

ア　フック等はランヤードのロープ等の取付部とかぎ部の中心に掛かる引張荷重で性能を規定したものであり、曲げ荷重・外れ止め装置への外力に関しては大きな荷重に耐えられるものではないことを認識したうえで使用すること。

イ　回し掛けは、フック等に横方向の曲げ荷重を受けたり、取付設備の鋭角部での応力集中によって破断したりする等の問題が生じるおそれがあるので、できるだけ避けること。回し掛けを行

う場合には、これらの問題点をよく把握して、それらの問題を回避できるように注意して使用すること。

ウ　ランヤードのロープ等がねじれた状態でフック等の外れ止め装置に絡むと外れ止め装置が変形・破断して外れることがあるので、注意すること。

エ　ランヤードのフック等の取付部にショックアブソーバがある形状のものは、回し掛けをしてフック等がショックアブソーバに掛かるとショックアブソーバが機能しないことがあるので、回し掛けしないこと。

2　垂直親綱への取付け

(1)　垂直親綱に墜落制止用器具のフック等を取り付ける場合は、親綱に取付けた取付設備にフック等を掛けて使用すること。

(2)　一本の垂直親綱を使用する作業者数は、原則として一人とすること。

(3)　垂直親綱に取り付けた取付設備の位置は、ランヤードとフルハーネス等を結合する環の位置より下にならないようにして使用すること。

(4)　墜落制止用器具は、可能な限り、墜落した場合に振子状態になって物体に激突しないような場所に取り付けること。

(5)　長い合成繊維ロープの垂直親綱の下端付近で使用する場合は、墜落制止時に親綱の伸びが大きくなるので、下方の障害物に接触しないように注意すること。

3　水平親綱への取付け

(1)　水平親綱は、墜落制止用器具を取り付ける構造物が身近になく、作業工程が横

移動の場合、又は作業上頻繁に横方向に移動する必要がある場合に、ランヤードとフルハーネス等を結合する環より高い位置に張り、それに墜落制止用器具のフック等を掛けて使用すること。なお、作業場所の構造上、低い位置に親綱を設置する場合には、短いランヤード又はロック機能付き巻取り式ランヤードを用いる等、落下距離を小さくする措置を講じること。

(2) 水平親綱を使用する作業者は、原則として1スパンに1人とすること。

(3) 墜落制止用器具は、可能な限り、墜落した場合に振子状態になって物体に激突しないような場所に取り付けること。

(4) 水平親綱に合成繊維ロープを使用する場合は、墜落制止時に下方の障害物・地面に接触しないように注意すること。

第6 点検・保守・保管

墜落制止用器具の点検・保守及び保管は、責任者を定める等により確実に行い、管理台帳等にそれらの結果や管理上必要な事項を記録しておくこと。

1 点検

点検は、日常点検のほかに一定期間ごとに定期点検を行うものとし、次に掲げる事項について作成した点検基準によって行うこと。定期点検の間隔は半年を超えないこと。点検時には、取扱説明書に記載されている安全上必要な部品が全て揃っていることを確認すること。

(1) ベルトの摩耗、傷、ねじれ、塗料・薬品類による変色・硬化・溶解

(2) 縫糸の摩耗、切断、ほつれ

(3) 金具類の摩耗、亀裂、変形、錆、腐食、樹脂コーティングの劣化、電気ショートによる溶融、回転部や摺動部の状態、リベットやバネの状態

(4) ランヤードの摩耗、素線切れ、傷、やけこげ、キンクや撚りもどり等による変形、薬品類による変色・硬化・溶解、アイ加工部、ショックアブソーバの状態

(5) 巻取り器のストラップの巻込み、引き出しの状態。ロック機能付き巻取り器については、ストラップを速く引き出したときにロックすること。

各部品の損傷の程度による使用限界については、部品の材質、寸法、構造及び使用条件を考慮して設定することが必要であること。

ランヤードのロープ等の摩耗の進行は速いため、少なくとも1年以上使用しているものについては、短い間隔で定期的にランヤードの目視チェックが必要であること。特に、ワークポジショニング用器具のロープは電柱等とこすれて摩耗が激しいので、こまめな日常点検が必要であること。また、フック等の近くが傷みやすいので念入りな点検が必要であること。

また、工具ホルダー等を取り付けている場合には、これによるベルトの摩耗が発生するので、定期的にホルダーに隠れる部分の摩耗の確認が必要であること。

2 保守

保守は、定期的及び必要に応じて行うこと。保守にあたっては、部品を組み合わせたパッケージ製品（例：フック等、ショックアブソーバ及びロープ等を組み合わせたランヤード）を分解して他社製品の部品と

組み合わせることは製造物責任の観点から行わないこと。

(1) ベルト、ランヤードのロープ等の汚れは、ぬるま湯を使って洗い、落ちにくい場合は中性洗剤を使って洗った後、よくすすぎ、直射日光に当たらない室内の風通しのよい所で自然乾燥させること。その際、ショックアブソーバ内部に水が浸透しないよう留意すること。

(2) ベルト、ランヤードに塗料がついた場合は、布等でふきとること。強度に影響を与えるような溶剤を使ってはならないこと。

(3) 金具類が水等に濡れた場合は、乾いた布でよくふきとった後、さび止めの油をうすく塗ること。

(4) 金具類の回転部、摺動部は定期的に注油すること。砂や泥等がついている場合はよく掃除して取り除くこと。

(5) 一般的にランヤードのロープ等は墜落制止用器具の部品の中で寿命が最も短いので、ランヤードのロープ等のみが摩耗した場合には、ランヤードのロープ等を交換するか、ランヤード全体を交換すること。交換にあたっては、墜落制止用器具本体の製造者が推奨する方法によることが望ましいこと。

(6) 巻取り器については、ロープの巻込み、引出し、ロックがある場合はロックの動作確認を行うとともに、巻取り器カバーの破損、取付けネジの緩みがないこと、金属部品の著しい錆や腐食がないことを確認すること。

3 保管

墜落制止用器具は次のような場所に保管すること。

(1) 直射日光に当たらない所

(2) 風通しがよく、湿気のない所

(3) 火気、放熱体等が近くにない所

(4) 腐食性物質が近くにない所

(5) ほこりが散りにくい所

(6) ねずみの入らない所

第7 廃棄基準

1 一度でも落下時の衝撃がかかったものは使用しないこと。

2 点検の結果、異常があったもの、摩耗・傷等の劣化が激しいものは使用しないこと。

第8 特別教育

事業者は、高さ2メートル以上の箇所であって作業床を設けることが困難なところにおいて、墜落制止用器具のうちフルハーネス型のものを用いて行う作業に係る業務に労働者を就かせるときは、当該労働者に対し、あらかじめ、次の科目について、学科及び実技による特別の教育を所定の時間以上行うこと。

1 学科教育 略

2 実技教育 略

（編注・129ページ参照）

8．災害事例

災害事例1
倉庫の２階に荷揚げする作業準備中、
開口部から墜落

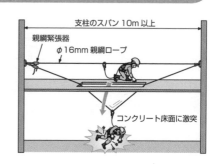

業種：酒造業　被害：休業１名

〈発生状況〉

　この災害は、酒造場の倉庫の２階において、荷揚げ待機中の作業者Ｂが、天井クレーンの２階開口部から１階に墜落したものです。

　災害発生当日、作業者Ａは商品陳列棚を取引先の酒造場の倉庫２階へ預け入れる作業を指示され、重量約300kgの荷を乗せたトラックでこの倉庫に到着しました。

　出迎えた倉庫係Ｂは、天井クレーンの設置された開口部から２階に荷揚げすることとし、備え付けのテルハを操作して１階フロアまで搬器を下ろした後、準備のため階段で２階に上り、そのまま待機しましたが、階下のＡが玉掛け作業を行っていると、開口部より下を覗き込んでいたＢがバランスを崩し、高さ３ｍの２階フロアから墜落したものです。

　Ｂは、親綱に取り付けた墜落制止用器具を使用していましたが、親綱がたわんで３ｍ下の床に激突し、両足を骨折しました。

〈原　因〉

　この災害は、天井クレーンの荷揚げ用の２階床の開口部から３ｍ下の１階床に墜落したものですが、その原因としては次のようなことが考えられます。

①　倉庫２階床の荷揚げ用開口部に墜落防止の措置がなかったこと

　　倉庫に荷揚げ用のクレーンを設置したため、２階床に設けられた開口部が、運転中には開放されたままで墜落のおそれのある状態となっていました。

②　親綱が緩んでおり、墜落を制止するには張力が足りなかったこと

　　墜落制止用器具を取り付けた親綱が緩んでいて、墜落時に大きくたわみ、Ｂの墜落を制止できませんでした。

③　安全管理が不十分であったこと

　　危険な設備を用いているうえ、安全作業手順等も定められておらず、ま
た墜落する危険のある場所の墜落防止措置、部外者の立入禁止措置も行わ
れていませんでした。

〈対　策〉

　同種災害の防止のためには、次のような対策の徹底が必要です。

①　２階床開口部に四方を囲む手すりを設けること

　　天井クレーンの運転中は、２階床開口部が開放されたままの状態となり、
作業者が墜落する危険があります。また、運転休止中に開口部に掛け渡さ
れた２本の角材を掛け渡したり、取り除くときにも墜落の危険があります。
２階床の開口部は四方を囲む手すりを設けて、運転休止中は搬器を床に置
くように作業方法と設備の改善が必要です。

②　安全な荷揚げ装置を設置すること

　　搬器がその階にあるときだけドアが開く、または昇降路には囲いを設け
るような構造規格に合致した簡易リフトやエレベータを設置することを検
討しましょう。

③　荷揚げ装置の取扱い者を選任すること

　　安全教育を受けた作業者を選任し、選任者以外の者の取扱いを禁止しま
す。

④　部外者の立入禁止措置等荷揚げ作業の作業手順を定め、安全管理を徹底
することと

〈関係法令〉

　労働安全衛生規則　第519条、第521条、第530条

※2019年12月に（一社）仮設工業会による「親綱支柱・支柱用親綱・緊張器等」の認定基準
　および使用基準が改正されました。支柱のスパンと垂直距離等について参照しましょう。

災害事例2
空気分離器内に充塡された
粒子状断熱剤の除去作業中、
断熱剤に埋没し死亡

業種：機械器具設置工事業　被害：死亡1名

〈発生状況〉

　この災害は、空気分離装置の空気分離器内において、粒子状の断熱剤を除去する作業中に発生したものです。

　空気分離装置は、空気を圧縮し、冷却液化し、蒸留することにより、酸素、窒素、アルゴンを分離・製造する装置で、空気吸入管、ターボ圧縮機、空気分離器等の機器で構成されています。事業場では、この装置におけるアルゴンガスの製造能力が定期修繕前よりも低下したため、空気分離器（縦10m、横6m、高さ70m）内に充塡されている断熱剤を抜き取り、装置内の点検を行うこととし、断熱剤の抜取り作業は、工事を請け負ったＺ社の現場責任者Ａと作業者Ｂ～Ｈの計8名により行われました。

　災害発生当日、Ａの指揮で、Ｂ～Ｆの5名が空気分離器に5mの高さごとに設けられているマンホールのうち、地上高さ45mの箇所にあるマンホールから空気分離器内に入り、前日に引き続き、蛇腹ホース2本を使用して断熱剤の抜取り作業を開始しました。また、ＧとＨは空気分離器の外で吸引ポンプを操作していました。作業を開始して2時間が経過し、高さ8m分の断熱剤を抜き取ったところで、交替で休憩を取るため、ＢとＣの2名だけで抜取り作業を行っていたとき、Ｂの足もとがすり鉢状になって断熱剤に埋もれ、Ｂは全身が断熱剤の中に埋没してしまいました。一緒に空気分離器内で断熱剤の抜取り作業をしていたＣは、離れた位置にいたためＢが埋没したことに気がつかず、Ｂは休憩を終えて戻ったＤからの連絡で駆けつけたほかの作業者により救出され、病院に搬送されましたが、死亡が確認されました。

　災害発生時、Ａは地上高さ40mの位置にあるマンホールから内部を監視していましたが、空気分離器内の配管が邪魔で、Ｂの作業位置まで見渡せていませんでした。

　断熱剤は、非常に軽い粒状物質で、人が断熱剤の上にゆっくりと足を入れ

ると膝まで埋まるようなものでした。

　空気分離器内に入った作業者は、いずれもＺ社が用意した安全ブロックに墜落制止用器具を掛けて作業をしていましたが、この安全ブロックは、墜落等により急激に引かれるとロックするようになっており、ゆっくりと引かれた場合にはロックされないものでした。

〈原　　因〉

　この災害の原因としては、次のようなことが考えられます。

①　埋没しやすい断熱剤の上に乗って作業をしていたこと

　　作業者が足を入れると膝まで埋まるような断熱剤の上に乗って作業を行っていたことに加え、断熱剤の吸引によって作業者の足もとがすり鉢状になり、埋没しやすい状態になっていました。

②　作業に適さない保護具を使用したこと

　　断熱剤への埋没を防止するために安全ブロックに墜落制止用器具を掛けて作業をしていましたが、この安全ブロックは、墜落等によって身体が落下する速度が一定以上になるとロープをロックしてそれ以上の墜落を防止するもので、落下速度が比較的ゆっくりな作業には適さないものでした。

③　作業者の作業状況を監視人が把握できなかったこと

　　現場責任者がマンホールの位置から空気分離器内部の様子を監視していましたが、内部の配管が邪魔で作業者の位置まで見渡せていなかったため、災害の発生を直ちに把握することができませんでした。

〈対　　策〉

　同種災害の防止のためには、次のような対策の徹底が必要です。

①　断熱剤の上に乗る作業を改め、工程に応じた作業床を設置する等の作業方法とすること

②　上記①の作業方法をとることが困難である場合には、親綱を張り、作業に適した墜落制止用器具を使用させて行う作業方法とすること

③　監視人は、作業の進行とともに常に作業状況の把握ができる位置に立ち、異常が発生した場合は直ちに救助や緊急連絡ができるようにすること

〈関係法令〉

　労働安全衛生規則　第518条、第519条、第521条、第532条の２

災害事例3
天井クレーンの点検中に、ドラムとトロリフレームとの間にはさまれ死亡

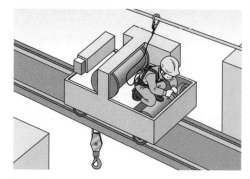

業種：窯業土石製品製造業　被害：死亡１名

〈発生状況〉

　この災害は、客先工場でクラブトロリ式天井クレーン（つり上げ荷重10.2ｔ、質量4.8ｔのリフティングマグネット装着）の定期自主検査の作業中に発生したものです。

　災害発生当日、被災者は部下と２名で、同工場にある３機の天井クレーンを点検する予定になっており、午前９時頃から１時間ほどで１機目の点検を終了し、午前10時頃から２機目の天井クレーンの点検を開始し、クレーン運転士から依頼されていたブレーキの調整作業に取り掛かりました。クレーンの運転は、客先事業場の運転士が行い、被災者は部下とともにクレーンガーダに上がり、部下に制御盤の作動確認をさせ、自らはクラブトロリに上がってブレーキを調整する作業を始めました。その調整作業中、被災者が巻上げドラムを背に屈みこんだところ、着用していた墜落制止用器具のロープが回転中の巻上げドラムに巻き込まれ、被災者がドラムとクラブトロリのフレームとの間にはさまれて被災したものです。

　被災者は、墜落制止用器具のロープ部が機械や設備等に引っ掛からないような工夫をせずに作業を行っており、また作業場所が運転室から見えず、クレーン運転士と被災者との間の合図・連絡が適切に行われていませんでした。さらに、安全な作業のための標準作業手順書の作成や作業者への安全衛生教育も行われていませんでした。

〈原　因〉

　この災害の原因としては次のようなことが考えられます。

①　巻上げドラムを回転させた状態で、その近くでブレーキの調整作業を行ったこと

　　巻上げドラムを回転させながら、近づいて作業を行ったため、墜落制止

用器具のロープ部がドラムに巻き込まれました。

② クレーンを運転する運転士と被災者とがお互いに見えず、適切な合図・連絡ができない状態で、ドラムを回転させ調整作業を行ったこと

③ 安全な作業のための標準作業手順書の作成と作業者への安全衛生教育が行われていなかったこと

〈対　策〉

同種災害の防止のためには、次のような対策の徹底が必要です。

① 巻上げドラムの回転中にその近くで調整作業を行わないこと

巻上げドラムを回転させる必要がある場合は、点検作業者に合図し、巻上げドラムから離れさせます。

② クレーンの点検作業では、適切な合図や連絡などが行えるようにして実施すること

運転士と点検作業者がお互いに見えない場合は、合図や連絡を行う者を配置して作業を行わせます。

③ 安全な作業のための作業手順書を作成したうえで、これをもとに作業者への安全衛生教育を行わせること

〈関係法令〉

クレーン等安全規則　第25条、第30条の2

労働安全衛生規則　第107条

災害事例4
新設クレーン検収後の手直し作業中、歩廊から墜落

業種：機械器具製造業　被害：死亡1名

〈発生状況〉

　この災害は、アルミニウム製造工場の天井走行クレーンの新設工事において、検収後の手直し作業中にクレーンの歩廊から作業者が墜落したものです。

　アルミコイル熱処理時に使用するクレーンの新設を請け負ったX社の一次下請Y社、二次下請Z社は、クレーンの組立てを終了し、検収後のクレーンを動かして行う調整、点検、整備等引き渡し直前の作業を行っていました。

　災害発生当日は、Y社の作業指揮者A、Z社の技術者Bと現場作業者Cの3名で作業を開始しました。

　午前9時頃から、ケーブルリールのピン交換、続いてクーラーのドレン配管を行い、午前11時過ぎからマーキング作業を開始しました。この作業はボルトの締め付け状況を点検しながら、ボルトからナットにかかるようにマジックペンで線を引き、ボルトが緩んだ場合に分かるようにするものです。

　Bは、地上でマーキングの作業を行い、Cにクレーン歩廊周辺のマーキングを指示しました。しばらくして、作業着の左胸がアルミコイル仮置き用ラックの鉄柱に引っ掛かる状態でぶら下がっているCを作業指揮者Aが発見しました。Cはマーキング作業中、サドル付近のランウェイ部分で歩廊から身を乗り出し過ぎて転落したものと推定されています。

〈原　因〉

　この災害の原因としては、次のようなことが考えられます。
① 移動足場等を使用して下からマーキングすべき作業箇所であるのに、歩廊からマーキング作業をしたこと

　　高さ6mのクレーンの点検用歩廊のランウェイ側にはレールが高さ67cmの位置にあり、レールに乗っているサドルにガーダがボルトナットで固定されています。そのボルトは歩廊から高さ85cm、歩廊の端から(1)

34cmと⑵72cmの位置に2カ所にあり、⑴のボルトはマーキング済みでしたが、⑴のボルトから⑵のボルトに向かってマジックペンの流れるような痕跡があったので、被災者は無理に身を乗り出してマーキングをしようとして墜落したものと推定されます。

② 墜落制止用器具を着用しているが、使用していなかったこと

　Y社の作業指揮者A、Z社の技術者Bと現場作業者Cの3名で作業の打ち合わせ後、Aより安全面の注意事項について説明があり、特に高所での墜落制止用器具の使用についてはKYボードで注意が行われたにもかかわらず、すぐに移動するマーキング作業では墜落制止用器具の使用は手間がかかるので、使用しないで作業していました。

③ 歩廊から作業する場所と移動足場で作業する場所との区別を指示せず、作業者の判断に任せたこと

〈対　策〉

同種災害の防止のためには、次のような対策の徹底が必要です。

① 引き渡し直前の調整・点検整備作業は、細部まで安全を含む綿密な作業計画を立て、関係者に周知徹底すること

　完成直前の作業は、期限も限られており、広範囲を短時間に移動し、多種の作業を行うので、指示が徹底しにくく、省略行動が起こりやすくなる環境となるので、作業前のリスクアセスメントを徹底することが大切です。

　安全作業のために移動足場（ローリングタワー、高所作業車等）を使用する箇所があれば、明示して指示する必要があります。

② 高所作業では作業手順を作成し、墜落制止用器具の使用等墜落防止措置を徹底すること

③ 発注事業場の構内下請作業においては、元請事業場は発注者と連絡を密にして協議組織をつくり、安全管理計画を立て、下請事業場の安全管理を徹底すること

　発注事業場の休日に作業を行う場合には、設備の使用等が平常と異なるため、作業変更を余儀なくされて、災害が発生することも多くなります。

〈関係法令〉

労働安全衛生規則　第518条、第519条、第520条、第521条

災害事例5

工場屋根に換気扇取付け工事中、スレートを踏み抜き墜落

業種：その他の建築工事業　被害：死亡１名

〈発生状況〉

　この災害は、工場の屋根に換気扇を取り付ける工事中に発生したものです。

　工場の屋根は、中央部の高さ13mで軒先の高さ９mまでの傾斜があり、厚さ６mmの波型スレートでふかれていました。換気扇取付け位置は屋根の中央付近であり、作業者が屋根上を移動するために、前日に、幅30cm、長さ４mと1.5mの歩み板20枚を屋根上に敷き、通路を確保しました。

　災害発生当日は、工事を請け負ったＺ社の作業者Ａ〜Ｃの３人が朝８時頃から屋根に上り作業をしていましたが、３時間ほどで換気扇の取付け作業が終了したため、通路に使用していた歩み板を南側の軒先に集め、Ｂが屋根上で玉掛けを行い、Ｃが地上に下りてトラッククレーンの操作をして、すべての歩み板をトラックに回収しました。このときＡは換気扇の試運転状況を確認していました。

　歩み板の撤去と換気扇の試運転が終了し、Ａが地上に降りようと昇降用のはしごをかけていた工場東側へスレート屋根上を移動したところ、屋根のスレートを踏み抜き、12m下の床に墜落しました。Ａはすぐに病院に運ばれましたが死亡が確認されました。

　作業開始前に行われたミーティングでは、Ｚ社の現場責任者Ｄから「スレート上は鉄骨の梁に固定されているフックの上を歩く」、「作業はあわてずに行う」等の注意がありましたが、歩み板の撤去方法についての指示はありませんでした。また、現場では、屋根上の歩み板撤去後にスレートの踏み抜きによる危険を回避できる安全な通路を確保していなかったほか、スレートを踏み抜いた際に作業者が床面に激突することを防止するために防網を工場内の屋根の下に張る、作業者に墜落制止用器具を使用させる等の墜落防止措置を講じていませんでした。

　さらに、Ｚ社では工事が短時間で終わることや以前にもスレートぶきの屋

根上で同様の工事を行っていたため、工事計画書を作成していませんでした。

〈原　因〉

この災害の原因としては次のことが考えられます。

① 作業者が屋根上で作業しているにもかかわらず歩み板を撤去し、スレートの踏み抜きによる墜落災害防止の措置を講じていなかったこと

作業者が屋根上で作業しているにもかかわらず歩み板を撤去し、しかも工場内の屋根下に防網を張る、作業者に墜落制止用器具を使用させる等の、作業者がスレートを踏み抜いた場合に備えた墜落防止措置を講じていませんでした。

② 安全な作業を行うための工事計画書を作成せず、作業者に具体的な作業手順を指示しなかったこと

Ｚ社では、工事の開始前にスレートの踏み抜き等による墜落災害を防止するための安全な作業方法を定めた工事計画書を作成しませんでした。また、その日の作業開始前のミーティングにおいても、歩み板の撤去の方法等を指示していませんでした。

〈対　策〉

同種災害の防止のためには次のような対策の徹底が必要です。

① 歩み板の撤去後に作業者がスレート上を移動せずに済むようにすること

スレート上での工事終了後、歩み板を回収する位置と作業者が屋根から下りる位置を同一とし、作業者が歩み板を撤去した後の屋根を移動することがないようにします。また、踏み抜きのおそれがある場合は、歩み板のみならず、防網を屋根の下に張る、作業者に墜落制止用器具を使用させる等の措置を講じることが必要です。

② 安全な作業を行うための工事計画書を作成し、作業者に具体的な作業手順を指示すること

工事の開始前に安全な作業方法を定めた工事計画書を作成し、その日の作業開始前のミーティングにおいても歩み板の撤去の方法等、具体的な作業手順を作業者に指示します。

〈関係法令〉

労働安全衛生規則　第519条、第520条、第524条

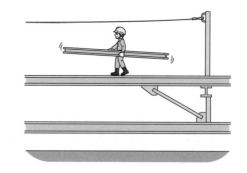

災害事例　6
鉄骨組立作業中、
足を踏み外し墜落

業種：鉄骨・鉄筋コンクリート造家屋建築工事業　被害：死亡1名

〈発生状況〉

　この災害は、2階建て店舗新築工事の鉄骨組立作業において、高さ約8m
にある梁上でリップみぞ形鋼材（C形鋼）（断面形状100×50×20mm、長
さ約4m、重さ約16kg）を運搬していた作業者Aが墜落したものです。

　災害発生当日、工事現場には複数の作業者グループが入場し、Aを含む6
名の作業者は、C形鋼およびブレースの取り付けを行うよう現場責任者Bか
ら指示されました。

　Aは、移動式クレーンで梁上に荷下ろしされたC形鋼を取り付け位置まで
運ぶ作業を担当していましたが、作業を開始して約2時間後、C形鋼を両手
で抱えて幅10cmの梁の上を歩いて運搬中、足を踏み外して墜落しました。
Aは、直ちに病院に搬送されましたが、死亡が確認されました。

　当日、別の作業者グループがBからC形鋼およびブレースの取り付けと並
行して水平安全ネットを張るよう指示されていましたが、Aが墜落したとき
は、まだ張られていませんでした。Aが足を踏み外した梁の上には墜落制止
用器具用の親綱が設置されており、Aは墜落制止用器具を装着していました
が、フックを親綱に掛けていませんでした。当該現場ではBが建築物等の鉄
骨の組立て等作業主任者に指名されていましたが、複数の作業を同時進行さ
せていたため、Aらが墜落制止用器具を使用している状況を確認していませ
んでした。

　また、Aは当日、初めて当該現場に入場したものでしたが、Aに対し入場
時安全衛生教育を実施することなく、作業に就かせました。

〈原　因〉

　この災害の原因としては、次のようなことが考えられます。

①　被災者に墜落制止用器具を使用させていなかったこと

②　水平安全ネットが、設置されない状態のまま、梁の上で運搬作業を行わせる等、作業計画が不適切であったこと

③　建築物等の鉄骨の組立て等作業主任者に指名されたBが、墜落制止用器具の使用状況の監視、作業の直接指揮等、作業主任者としての職務を行っていなかったこと

④　初めて現場に入場した者に対して行うことにしている、作業方法や作業手順に関する安全衛生教育をAに実施しないまま作業に就かせたこと

〈対　策〉

　同種災害を防止するためには、次のような対策の徹底が必要です。

①　鉄骨組立作業においては、墜落制止用器具の使用を徹底すること

②　作業者の墜落等の危険を防止する措置を先に実施する作業計画を策定すること

　　作業者が墜落する危険を防止する措置を講じた後に高所作業を開始するような作業計画を策定します。

③　建築物等の鉄骨の組立て等作業主任者に次の職務を確実に行わせること

　・作業の方法および作業者の配置を決定し、作業を直接指揮する。

　・器具、工具、墜落制止用器具等および保護帽の機能を点検し、不良品を取り除く。

　・墜落制止用器具等および保護帽の使用状況を監視する。

④　新規入場者に対し行うことにしている安全衛生教育を実施し、墜落の危険や作業方法等を教育した上で作業に就かせること

〈関係法令〉

　労働安全衛生規則　第517条の２、第517条の５、第518条、第520条、第529条

災害事例　7
天井内配線作業中に
脚立から転落

業種：電気工事業　被害：不明

〈発生状況〉

　この災害は、天井内の配線作業を行っていた被災者Aが、ケーブルを引き込んだ際に配線に結んだロープが外れ、その反動で脚立から転落したものです。

　作業監視者である被災者Aは、作業員4名とともに天井内の配線作業を行っていました。Aが幹線ケーブル（3本が一塊となった配線）70mを配線に結んだロープで引き込んでいる最中にロープが外れ、Aはその反動でバランスを崩し、脚立の中段から転落し頭部を強打しました。墜落制止用器具は使用していましたが、つりボルトのアンカー（既存の後打ちアンカー）ごと抜けていました。

〈原　因〉

　この災害の原因としては、次のようなことが考えられます。

①　作業監視者であるAが脚立作業を行ったこと。

②　墜落制止器具は使用していたが、フックを掛けていた既設のつりボルトのアンカーが転落の衝撃で抜けたこと

③　配線に結んだ引き込みロープは、改造されたもので所定の強度はなく100kg以下の荷重で抜けるものであったこと

④　使用していた脚立は無許可で被災者の所持品であったこと

〈対　策〉

　同種災害の防止のためには、次のような対策の徹底が必要です。

①　墜落制止用器具を使用する際は、墜落制止に耐えうる取付設備を備え、また、使用すること

②　決められた役割以外の作業は行わない。役割を変更する場合は作業計画や作業手順書を見直し、変更後の内容を作業員全員に周知徹底させること

③　安全フックを掛ける設備は、複数のつりボルトで固定されている箇所とすること

④　ロープは規格外の改造品の使用を禁止し、使用前に目視により点検すること

⑤　可搬式作業台やローリングタワーを設置して使用すること

〈関係法令〉

　労働安全衛生規則　第518条、第519条、第521条、第528条

（出典：建設業労働災害防止協会、厚生労働省委託事業「2020年東京オリンピック・パラリンピック競技大会に係る建設需要に対応した労働災害防止対策事業：災害事例」を一部改変）

災害事例　8
高所作業車の無理な操作の反動で、バケットから投げ出され墜落

業種：造船業　被害：休業1名

〈発生状況〉

　この災害は、高所作業車の無理な操作により投げ出され、骨折を負ったものです。

　新造船タンカーのホールド内で、上甲板裏側の溶接部の欠陥手直しのため、当該箇所へ高所作業車で接近しようとしたとき、高所作業車のバケットが上甲板裏側の構造部に引っかかっていたことに気がつかず、バケットの上昇が止まったので、運転者が上昇ハンドルをさらに押し込んだところ、バケットの引っかかりが外れ、その瞬間に、バケットに搭乗していた作業者がバケットから放り出されました。

　被災者は墜落制止用器具を装着していたため、ランヤードでバケットにつらされた状態で留まりましたが、バケットから放り出されたときに膝を骨折しました。

　被災者に気づいた同僚が、下部操作装置で被災者を降ろし、救出しました。

〈原　因〉

　この災害の原因としては、次のようなことが考えられます。

① 　運転者が周囲の状況を確かめずに、上昇ハンドルを押し込んだこと
② 　手直し工事で工程に余裕がなかったこと
③ 　周囲の照明が不足していたこと

〈対　策〉

　同種災害の防止のためには、次のような対策の徹底が必要です。

①　高所作業車の操作にあたって、指差呼称を徹底し、不意な操作を防止すること

②　高所作業車上では、墜落制止用器具の確実な使用を徹底すること

③　墜落時の衝撃吸収のため、フルハーネス型墜落制止用器具を使用すること

〈関係法令〉

　労働安全衛生規則　第520条、第521条

災害事例　9
足場解体作業時に足場板の固縛を
解き、転落

業種：造船業　被害：休業１名
〈発生状況〉
　この災害は、足場撤去作業を行っていた被災者Ａが、足場板の固縛を誤って切断してしまい、足場板とともに転落したものです。
　新造クレーン船の浮体構造部内部の足場撤去作業において、被災者Ａは誤って張り出し部に立って固縛番線を切断したところ、足場板が外れ、被災者Ａは足場板とともに後方に転落しました（腰部、大腿骨骨折）。
　被災者Ａは、反対側の腕木がまだ固縛されていると思い込んでいました。
　また、墜落制止用器具のランヤードは掛ける所がなかったため、使用していませんでした。

〈原　因〉
　この災害の原因としては、次のようなことが考えられます。
①　作業手順を確認せず、足場の固縛を解放したこと（KY不足）
②　墜落制止用器具は装着していたが、フックを掛けていなかったこと（適
　切な取付設備も設けていなかった）

〈対　策〉

　同種災害の防止のためには、次のような対策の徹底が必要です。

①　足場作業主任者の指示に従い、正しい手順で作業を行うこと

②　作業の開始前に周囲の状況を確認すること

③　墜落制止用器具は落下距離を確認して、適切な取付設備にフックを掛けること

〈関係法令〉

　労働安全衛生規則　第518条、第519条、第521条、第529条

9．墜落制止用器具の規格における使用高さ

　ガイドラインに基づき、胴ベルト型・フルハーネス型の作業床での使用高さを図式化しました。

6.75mを超える箇所では、フルハーネス型を選定

　２m以上の作業床がない箇所または作業床の端、開口部等で囲い・手すり等の設置が困難な箇所の作業での墜落制止用器具は、フルハーネス型を使用することが原則となります。

　ただし、フルハーネス型の着用者が地面に到達するおそれのある場合（**高さが6.75m以下**）は、胴ベルト型（一本つり）を使用することができます。

　一般的な建設作業の場合は**５mを超える**箇所、柱上作業等の場合は２m以上の箇所では、フルハーネス型の使用が推奨されます。

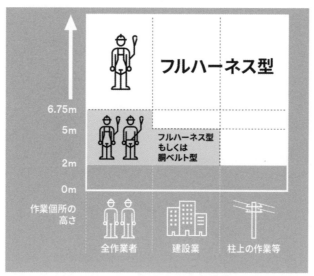

図　フルハーネス型使用範囲のイメージ
（出典：スリーエム ジャパン株式会社カタログより）

写真協力　サンコー株式会社
　　　　　住友重機械マリンエンジニアリング株式会社
　　　　　株式会社谷沢製作所
　　　　　藤井電工株式会社

フルハーネス型墜落制止用器具の知識
－特別教育用テキスト－

平成30年10月17日　　第1版第1刷発行
平成31年 3 月29日　　第2版第1刷発行
令和 3 年 6 月30日　　第3版第1刷発行
令和 6 年11月15日　　　　　第21刷発行

　　　　　編　者　中央労働災害防止協会
　　　　　発行者　平山　剛
　　　　　発行所　中央労働災害防止協会
　　　　　　　　　〒108-0023
　　　　　　　　　東京都港区芝浦 3 丁目17番12号
　　　　　　　　　　　　　　　吾妻ビル 9 階
　　　　　　　　　電話　販売　03－3452－6401
　　　　　　　　　　　　編集　03－3452－6209
　　　　　　　　　デザイン　ア・ロゥデザイン
　　　　　　　　　イラスト　株式会社アルファクリエイト
　　　　　　　　　印刷・製本　株式会社丸井工文社

落丁・乱丁本はお取り替えいたします。　　　　　　　　　ⒸJISHA2021
ISBN 978-4-8059-1994-1　C3060
中災防ホームページ　https://www.jisha.or.jp/

情 報 提 供

令和5年3月14日に足場関係の労働安全衛生規則の改正（令和5年厚生労働省令第22号）が公布され同年10月1日より施行（一部は令和6年4月1日施行）されたので、概要を情報提供いたします。

◎ **一側足場の使用範囲を明確化**（労働安全衛生規則第561条の2（新設）関係　令和6年4月1日施行）
事業者は、幅が1メートル以上の箇所において足場を使用するときは、原則として本足場をしなければならない。ただし、つり足場の場合や、障害物の存在その他の足場を使用する場所の状況により本足場を使用することが困難なときはこの限りではない。

◎ **足場の点検を行う際、点検者を指名することを義務付け**（労働安全衛生規則第567条、第568条および第655条関係　令和5年10月1日施行）
事業者および注文者が足場の点検（つり足場を含む。）を行う際は、あらかじめ点検者を指名して行わせなければならない。なお点検者には、足場の組立て等作業主任者であって、足場の組立て等作業主任者能力向上教育を受講した者など一定の能力を有する者を指名することが望ましい。

◎ **足場の点検後に記録・保存すべき事項に点検者の氏名を追加**（労働安全衛生規則第567条および第655条関係　令和5年10月1日施行）
足場の組立て、一部解体、変更等の後の点検後に作成し保存する記録には、点検者の氏名も記録しなければならない。

「足場からの墜落防止措置が強化されます」
（厚生労働省）